C.H.BECK WISSEN

Die Gemälde und Zeichnungen Caspar David Friedrichs (1774–1840) sind Schlüsselwerke nicht nur der Romantik, sondern der Moderne überhaupt. Sie vermitteln eine Naturerfahrung von seltener Intensität und lassen uns gleichzeitig nach deren tieferem Sinn fragen, nach dem, was hinter dem Gegenständlichen liegen mag. Werner Busch zeigt dies in seinem souveränen Überblick über das vielgestaltige Werk Friedrichs, der zwar schon früh von sich reden machte, dann jedoch für lange Zeit aus dem Bewusstsein der Öffentlichkeit verschwand. Gleichzeitig verortet dieses Buch den Künstler unter seinen malenden Zeitgenossen und in den religiösen und politischen Diskussionen seiner Epoche.

Werner Busch lehrte von 1988 bis 2010 als Professor für Kunstgeschichte an der Freien Universität Berlin. Bei C.H.Beck sind von ihm u. a. erschienen: «Das sentimentalische Bild» (^{2}1997), «Caspar David Friedrich. Ästhetik und Religion» (^{2}2008), «Adolph Menzel. Auf der Suche nach der Wirklichkeit» (2015) und «Die Künstleranekdote. 1760–1960» (2020).

Werner Busch

CASPAR DAVID FRIEDRICH

C.H.Beck

Mit 44 Abbildungen, davon 20 in Farbe

2. Auflage. 2024

Originalausgabe

www.chbeck.de
Reihengestaltung Umschlag: Uwe Göbel (Original 1995, mit Logo),
Marion Blomeyer (Überarbeitung 2018)
Umschlagabbildung: Caspar David Friedrich, Selbstbildnis,
um 1810, schwarze Kreide auf Velin, Staatliche Museen zu Berlin,
Kupferstichkabinett, © akg-images, Berlin; Künstlersignatur:
© akg-images, Berlin
Satz: Fotosatz Amann, Memmingen
Druck und Bindung: Druckerei C.H.Beck, Nördlingen
Printed in Germany
ISBN 978 3 406 81995 7

myclimate
verantwortungsbewusst produziert
www.chbeck.de/nachhaltig

Inhalt

1. Einleitung

Bei der heutigen Allgegenwärtigkeit Caspar David Friedrichs mag es verwundern, dass zwei Phasen der «Wiederentdeckung» des Künstlers, der spätestens nach seinem Tod 1840 trotz vereinzelter Nachrufe mehr oder weniger in Vergessenheit geraten war, nötig gewesen sind. Auf der Basis der Forschungen des Norwegers Andreas Aubert, die ursprünglich dessen Landsmann Johan Christian Clausen Dahl, Friedrichs Freund und Mitbewohner, gegolten hatten, wurde 1906 auf der sogenannten Jahrhundertausstellung, auf der die deutsche Kunst des 19. Jahrhunderts neu vermessen wurde, die Malerei Friedrichs mit einer verblüffend großen Anzahl von Bildern gewürdigt. Und 1974, zum 200. Geburtstag Friedrichs, wurde der Künstler durch eine Fülle von Veranstaltungen und Veröffentlichungen endgültig im Bewusstsein der Öffentlichkeit verankert. Auch hier gab eine wichtige Publikation den Anstoß: das vor allem von Helmut Börsch-Supan auf der Basis der Forschungen von Karl-Wilhelm Jähnig erstellte Werkverzeichnis der Gemälde und bildmäßigen Zeichnungen Friedrichs. Alle Forschung bis heute fußt auf diesem Grundlagenwerk – und doch hat es sofort Diskussionen ausgelöst. Börsch-Supan hatte für die Bilder Friedrichs eine Art Bedeutungsregister aufgestellt, das den Bildgegenständen fixe Bedeutungen so gut wie ausschließlich religiöser Art zuschrieb. Darauf gab es zwei methodisch ganz unterschiedlich gelagerte Reaktionen: Zum einen propagierte Werner Hofmann 1974 in einer ungemein erfolgreichen Caspar-David-Friedrich-Ausstellung in der Hamburger Kunsthalle den frühromantischen Friedrich, fußend auf den literartheoretischen Schriften vor allem von Friedrich Schlegel, Novalis und Ludwig Tieck, und nahm damit für Friedrichs Kunst eine tendenzielle Bedeutungsoffenheit in Anspruch. Später hat Hofmann dafür den Begriff der Bedeutungspolyvalenz geprägt. Nach dieser Überzeugung eröffnen die Bilder Friedrichs Bedeutungsfelder, die die Rezipienten auffordern, sie sinnfällig zu besetzen. Zum anderen wurde, nach 1968 kaum anders zu erwarten, von einer jungen, linken westdeutschen Forschergeneration mit Aplomb der politische Friedrich ins Feld geführt, ausgehend von der zu Recht konstatierten Sympathie Friedrichs für die Freiheitskriege und die Demagogenbewegung und seiner andauernden Propagierung der Demagogentracht in seinen Bildern. All das, was bei Börsch-Supan eine religiöse Ausdeutung erfahren hatte, wurde nun politisch verstanden. Die Bildgegenstände, als Zeichen gewertet, ließen offenbar beides gleichermaßen zu, selbst wenn es jeweils mit gänzlicher Ausschließlichkeit behauptet wurde. Der Überzeugung vom primär politischen Friedrich sprang die DDR-Forschung bei, erst 1974 in der Dresdener Konkurrenzausstellung zur Hamburger Schau, dann gedanklich forcierter und einseitiger auf einer 1976 publizierten Caspar-David-Friedrich-Konferenz in Greifswald.

Angesichts der melancholischen Bilder Friedrichs, die vollkommen handlungsarm sind, angesichts seiner sehnsüchtigen Naturfeier fällt es schwer, sich den Künstler als aktiven Freiheitskämpfer, gestärkt vom Pathos vormärzlicher Propagandapublikationen, vorzustellen. Aber auch religiöse Orthodoxie scheint ihm fremd zu sein, wie schließlich auch eine gänzliche Sinnoffenheit, die sich beinahe beliebig von frühromantischen literarischen Versatzstücken nährt. Die Auseinandersetzungen zwischen den drei Positionen wogten lange hin und her. Dabei hätte eigentlich unbestritten sein müssen, dass nach dem Scheitern der Französischen Revolution, auf das die frühromantischen Gedankengebäude reagierten, definitive Bedeutungssetzungen im Wortsinn fragwürdig geworden waren. Auch hätte deutlich werden können, dass der Freiheitsgedanke bei Friedrich grundsätzlich religiös determiniert ist und dass Friedrichs nicht selten resignative Position von der Überzeugung getragen war, dass die politischen Verhältnisse zur Zeit der Napoleonischen Kriege und die Metternich'sche Ära Hoffnung auf eine strahlende Zukunft nicht wirklich zuließen.

Doch wie war – an den Bildern – Friedrichs besondere Form

der Bedeutungsgenerierung zu erfahren und zu verifizieren? Doch wohl nur durch eine strukturelle Analyse, die die Anlage der Bilder ernst nahm, die, simpel gesagt, das Form-Inhalt-Verhältnis bedachte und zugleich ihre historische Bedingtheit in Rechnung stellte. Vier größere Arbeiten haben versucht, hier Grund zu legen. Aus dem Jahr 2000 stammt Werner Hofmanns Darstellung, die seine Vorstellung von der Polyvalenz der Friedrich'schen Bilder weitertrieb und in ihnen extreme bedeutungshaltige Formfiguren sah. Mein eigener Versuch erschien 2003. Er machte den Einfluss von Friedrich Schleiermacher stark, betonte die tiefere Bedeutung romantischer Mathematik bzw. Geometrie, deren Figuren Friedrich seinen Bildern regelmäßig zugrunde legte, und verfolgte die schrittweise Bildwerdung von der Zeichnung über die Motivcollage bis zum fertigen Bild. 2004 folgte die Darstellung von Hilmar Frank, der vor allem auf den von Christian August Semler vertretenen Begriff der «rêverie» abhob, um das träumerische Nachsinnen der Friedrich'schen Bildfiguren zu charakterisieren, den halb bewussten Zustand der Wahrnehmung. Frank betonte zudem in der Tradition von Gottfried Wilhelm Leibniz die subjektiv unterschiedlichen Wahrnehmungsperspektiven und schließlich die Dimension des Metaphorischen gegenüber der tradierten Allegorie- und Symbolauffassung. Die Überlegungen dieser drei Bücher fanden ihren Niederschlag im Ausstellungskatalog der Essener und Hamburger Caspar-David-Friedrich-Ausstellung von 2006. In einem gewissen zeitlichen Abstand dazu hat Johannes Grave 2012 noch einmal eine Gesamtdarstellung geliefert, der es unter anderem gelingt, die Vorstellung von Friedrichs Religiosität zu präzisieren, vor allem mit dem Verweis auf die lutherische Kreuzestheologie, schließlich stellt das Kreuz das einzige wirkliche Zeichen im Œuvre Friedrichs dar. Ferner geht es Grave darum, die in der Forschung breit vertretene Vorstellung abzuweisen, Friedrichs Werke seien unter dem Begriff des Sublimen zu subsumieren.

Alle vier Bücher, so sehr sie um Differenzierung bemüht sind, haben sich drastische Kritik von Seiten der Vertreter einer fixen Zeichenauffassung gefallen lassen müssen. Hier scheint keine

Einigung in Sicht. Helmut Börsch-Supan ist 2008 noch einmal in den Ring gestiegen mit einem Friedrich-Buch, das den Untertitel «Gefühl als Gesetz» trägt. Er scheint insofern ein wenig unglücklich, selbst wenn die Formulierung von Friedrich selbst stammt, als der Gesetzesbegriff in Kombination mit dem Gefühlsbegriff im früheren 19. Jahrhundert auf das von Johann Wolfgang von Goethe und Carl Gustav Carus vertretene genetisch-morphologische Modell verweist, wonach der Künstler auf Grund seiner besonderen Empfindungskraft, die jedoch wissenschaftlich fundiert sein muss, in der Lage ist, die Gesetzmäßigkeit aller Bildung zu erkennen und zur Anschauung zu bringen. Und gerade darum geht es Friedrich nicht, von daher wäre die Schleiermacher'sche Begriffskombination von «Anschauung und Gefühl» treffender gewesen. Börsch-Supan meint den individuellen Künstler, der sich selbst ein notwendig subjektives Gesetz gibt. Das führt ihn dazu, ein Psychogramm Friedrichs zu schreiben, das nun wieder allein auf der subjektiven Sicht des Autors fußt. Das besondere Verdienst dieses Buches allerdings ist in der Entschlüsselung einer ganzen Reihe von Künstlernamen zu sehen, deren Träger Friedrich in seinen späten, um 1830 formulierten «Äußerungen bei Betrachtung einer Sammlung von Gemählden von größtentheils noch lebenden und unlängst verstorbenen Künstlern» anspielungsreich ohne Nennung der Namen geschildert hat. Diese Schrift stellt so etwas wie das Lebensresümee seiner Gedanken zur Kunst dar.

Angesichts des hier grob skizzierten Weges der Forschung steckt der Autor des vorliegenden Bändchens in einem gewissen Dilemma. Die heftig geführten Debatten kann er nicht im Einzelnen wiedergeben, ja, er möchte noch nicht einmal den grundsätzlichen Dissens am Gegenstand erörtern. So bleibt ihm nur zweierlei: zum einen überblicksmäßig zu verfahren und die wichtigsten Werke im Kontext zu schildern, zum anderen bezeichnende Einzelaspekte, die ihm bisher nicht angemessen gewichtet erscheinen, hervorzuheben. Sie betreffen weitgehend Friedrichs Umfeld, besonders Personen, mit denen er sich nachweislich intensiver auseinandergesetzt hat.

2. Lebensstationen

Caspar David Friedrich wurde am 5. September 1774 in Greifswald als sechstes von zehn Kindern des Seifensieders und Lichtgießers Gottlieb Adolf Friedrich und seiner Ehefrau Sophia Dorothea, geb. Bechly geboren. Das Geburtshaus und die zugehörige Seifensiederei haben sich in Greifswald in der Langen Straße 57 nur in den Grundmauern erhalten. Die Gebäude sind restauriert und beherbergen heute das Caspar-David-Friedrich-Zentrum. Friedrichs Mutter und verschiedene Geschwister starben früh. Seine Jugend wurde außerdem überschattet durch ein traumatisches Erlebnis: Eingebrochen ins Eis wurde er von seinem älteren Bruder Johann Christoffer gerettet, der dabei selbst ertrank. Friedrich, dessen Fixierung auf den Tod offensichtlich ist, soll einen Selbstmordversuch unternommen haben, und es ist denkbar, dass sein ungewöhnlicher und lebenslang getragener breiter Bart Spuren dieses Versuches verdecken sollte.

Das pommersche Greifswald war bis 1815 schwedisch und Friedrich fühlte sich dieser Herkunft dauerhaft verbunden. Das sollte für den «Tetschener Altar» wichtig werden und sich noch in einem absoluten Spätwerk, den «Lebensstufen» (Abb. 12), zeigen: Im Zentrum des Bildes schwenkt eines der Kinder, von dem wir annehmen können, dass es sich um Friedrichs Sohn handelt, die schwedische Fahne. Bei den übrigen Dargestellten dürfte es sich wohl um Friedrich und seine Familie handeln.

Friedrichs künstlerische Anfänge sind ein wenig mühsam und durchaus konventionell. Er lernte von 1790 bis 1794 bei dem Greifswalder Universitätszeichenlehrer Johann Gottfried Quistorp und kopierte nach dem zwischen 1728 und 1731 erschienenen Standardvorlagenwerk von Johann Daniel Preißler. Da Quistorp auch Architekt war, dürfte Friedrich schon hier mit Perspektive und Entwurfszeichnung vertraut geworden sein. Quistorp dürfte es auch gewesen sein, der Friedrich das Studium an der Kopenhagener Akademie empfahl, die nach Pariser Vorbild organisiert war und als ein europäisches Zentrum der Perspektivlehre galt. Friedrich studierte in Kopenhagen von 1794 bis 1798. Dort absolvierte er die Freihandzeichenklasse, die Gips- und Modellklasse und lernte bei dem nicht sehr zugänglichen Akademiedirektor Nicolai Abildgaard, einem Perspektivspezialisten, von dem man allerdings nicht sagen kann, dass er auch ein überzeugender Figurenzeichner gewesen wäre – und auch Friedrich hat das Manko auf diesem Gebiet zeit seines Lebens nicht überwinden können. Doch an der Kopenhagener Akademie spielte auch die Landschaftsmalerei eine besondere Rolle. Für Friedrich ist ein gewisser Einfluss von Jens Juel oder auch von Christian August Lorenzen zu konstatieren. Zuerst zeichnete Friedrich nur und kolorierte gelegentlich mit Aquarellfarben. Kontakt zu dänischen Künstlern unterhielt er auch nach dem Studium über lange Zeit. Befreundet war er mit Johan Ludwig Lund. Christoffer Wilhelm Eckersberg, ein besonders ausgewiesener Perspektivspezialist, dem wir zwei Traktate zum Thema verdanken, war dennoch in erster Linie Landschaftsmaler und besuchte Friedrich in Dresden, wo dieser sich nach seiner Kopenhagener Zeit dauerhaft niederließ.

Auf der Rückreise von Kopenhagen machte Friedrich Zwischenstation in Greifswald und Berlin. Nach Greifswald zu seiner Familie reiste er auch später regelmäßig, häufig verbunden mit einem Studienaufenthalt auf Rügen. Auf diesen Reisen dürfte er auch regelmäßig in Berlin Station gemacht haben, obwohl wir wenig darüber wissen. Immerhin wurde Friedrich 1811 nach der Ausstellung des «Mönch am Meer» und der «Abtei im Eichwald» – die Bilder wurden vom preußischen Kronprinzen vom Fleck weg gekauft – zum Mitglied der Berliner Akademie ernannt. Bei seinem Berlin-Besuch 1798 dürfte Friedrich seinen Greifswalder Jugendfreund, den Buchhändler und Verleger Georg Andreas Reimer, aufgesucht haben. Denkbar ist, dass es bereits zu diesem Zeitpunkt zu einem Kontakt mit Friedrich Schleiermacher kam. Schleiermacher wurde zu einem engen Freund von Reimer, der seine Werke verlegte. Genau zur Zeit von Friedrichs Anwesenheit in Berlin 1798 war

Schleiermacher mit der Abfassung seiner Reden «Über die Religion» beschäftigt, die 1799 erschienen und großen Einfluss auf Friedrich hatten; die zweite Auflage von 1806 wurde bereits bei Reimer verlegt. 1818 besuchten Reimer und Schleiermacher, um kurz vorzugreifen, Friedrich in Dresden. Der Besuch hatte vor allem politische Gründe: Alle drei waren den Freiheitskriegen verpflichtete Demagogen und sannen auf politische Reformen, allerdings, was nachdrücklich zu betonen ist, auf der Basis einer religiösen Erneuerung. Reimer marschierte gar in Demagogentracht durch Dresden, die, geprägt von Ernst Moritz Arndt, an der Dresdener Akademie ausdrücklich verboten war. Und Friedrich ließ die Demagogen in ihrer Tracht auch später beständig in seinen Bildern auftauchen.

In Dresden orientierte er sich offensichtlich an Adrian Zingg und seiner Schule, schlicht auch deswegen, weil nicht zu übersehen war, dass Zingg mit seinen großen Sepiazeichnungen und -radierungen Erfolg hatte. Sie zeigten zumeist Motive aus der Sächsischen Schweiz. So wie Zingg der «Entdecker» der Sächsischen Schweiz wurde, die zugleich touristisch erschlossen wurde, so setzte Friedrich auf die Darstellung von Sehenswürdigkeiten auf Rügen. Auch hier begann zur gleichen Zeit auf der Basis von Reiseführern die Aneignung durch städtische Besucher. Was die beiden Gegenden verband, war der besondere Reiz ihrer geologischen Struktur. Den bizarren Felsformationen des Elbsandsteingebirges standen die Kreidefelsen auf Rügen und die großen Granitsteine am Ufer der Insel gegenüber. Kein Wunder, dass sich die Zeitgenossen davon angezogen fühlten, war doch die Geologie neben der Meteorologie eine der Leitwissenschaften der Zeit um 1800, denn sie ließ Einblicke in die Erdentstehungsgeschichte zu. 1801 unternahm Friedrich seine beiden ersten Reisen nach Rügen und widmete sich zeichnerisch den wichtigsten Sehenswürdigkeiten, vor allem Kap Arkona, den Stubbenkammer Kreidefelsen (Abb. 1), dem Rugard, aber auch einfachen Blicken aufs Meer oder in die Weite der Landschaft. Bis 1806/07 beschäftigte ihn die Umsetzung dieser zeichnerischen Aufnahmen in repräsentative Sepien, zumeist in einer Größe von etwa 40 x 60 oder auch 50 x 70 Zentimetern. Auf

1 Caspar David Friedrich, Stubbenkammer auf Rügen, 21. Juni 1801, Feder in Braun über Bleistift, Dresden, Staatliche Kunstsammlungen, Kupferstich-Kabinett

Grund ihrer höchst differenzierten Abstufung des braunen Sepiatones waren sie durchaus gefragt.

Dann brach Friedrich die Beschäftigung mit diesem Typus plötzlich ab und griff sie erst spät gelegentlich wieder auf. Der Grund: Ab etwa 1806 begann Friedrich in Ölfarbe zu malen, in einer ausgeklügelten Lasurtechnik, wobei ihm die subtile Abstufung des Sepiatones in seinen Graphiken Vorbild sein konnte. Da farbige Lasuren durchscheinend sind, konnte er so die farbige Modellierung in kaum merklichen Übergängen steuern. Friedrich erweiterte seinen Radius durch Reisen nach Nordböhmen, wo es ihm die hintereinander gestaffelten Gebirgszüge angetan hatten – ihre Staffelung bot sich einer differenzierten farbigen Abstufung von vorne nach hinten nach den Gesetzen der Luftperspektive besonders an. Nebellandschaften mit entsprechenden Effekten ergänzten das Spektrum. Dann kam es zu Friedrichs die Öffentlichkeit faszinierendem und irritierendem Auftritt mit dem «Tetschener Altar» (Abb. 13), den der Künstler, bei eigener Abwesenheit, Weihnachten 1808 in ausgeprägter

Inszenierung in seinem Dresdener Atelier ausstellte. Er löste damit den sogenannten Ramdohr-Streit aus, bei dem es um die Frage ging, inwieweit ein reines Landschaftsbild religiöse Ansprüche stellen, ja, als Altarbild auftreten könne. Die Zeitgenossen begriffen, dass sich hier etwas gänzlich Neues zeigte, das klassische Erwartungen vollständig in Frage stellte.

In der unmittelbaren Folge versuchte Friedrich, das Ungewöhnliche des «Tetschener Altares» noch zu überbieten – durch den «Mönch am Meer» (Abb. 14), ein Bild, das zwischen 1808 und 1810 entstand und wiederum insbesondere von literarischer Seite Stellungnahmen herausforderte: unter anderem rief es Clemens Brentano, Achim von Arnim und Heinrich von Kleist auf den Plan. Die Leere des Bildes, die fehlenden seitlichen Begrenzungen, die räumlichen Unklarheiten, die gedämpfte Farbigkeit, der Charakter von Trostlosigkeit, den das Bild ausstrahlte, sorgten für Verwirrung und ganz unterschiedliche Versuche, mit dem Dargestellten zurechtzukommen. Doch das Werk hatte ein Pendant: die «Abtei im Eichwald», und so entstand ein Argument von Bild zu Bild, so schwer sein tieferer Sinn auch greifbar schien, denn er entfaltete sich allein auf ästhetischem Wege. Schon beim «Tetschener Altar» kamen alle vier Linien des Goldenen Schnittes zur Geltung und unterlegten das Bild vorab mit einem ästhetisch wirksamen Ordnungssystem, das von den Gegenständen selbst nicht herausgefordert wurde, aber auch nicht klassischen Kompositionsformen folgte (Abb. 2 und 13). Friedrich erweiterte seine Bildordnungsverfahren im Folgenden, legte den Bildern geometrische Figuren zugrunde, die in ihrer abstrakten Beschaffenheit die mittelalterliche Vorstellung von Gott als Geometer wieder aufriefen. Bereits die «Abtei im Eichwald» (Abb. 23) wird von einer Hyperbelform überwölbt, die auf Grund ihrer Definition – die Hyperbelarme nähern sich ihren Asymptoten unendlich an, ohne sie je erreichen zu können – auf allein göttliche Gestaltungsprinzipien verweisen konnte. Friedrich scheint hier der romantischen Mathematik von Novalis über Friedrich Wilhelm Joseph Schelling bis zu Schleiermacher zu folgen. Diese früh gefundenen Prinzipien der Bildgestaltung behielt er dauerhaft bei.

1810 wanderte Friedrich mit seinem jüngeren Kollegen Georg

2 Caspar David Friedrich, Der «Tetschener Altar» mit den Linien des Goldenen Schnitts

Friedrich Kersting, der wie er in Kopenhagen studiert hatte, durchs Riesengebirge. Resultat ist der große «Morgen im Riesengebirge» (Abb. 3), für den Kersting womöglich die kleinen

3 Caspar David Friedrich, Morgen im Riesengebirge, 1811, Öl auf Leinwand, Staatliche Museen zu Berlin, Alte Nationalgalerie

Gipfelfiguren gemalt hat. Das spricht für eine ausgesprochene Vertrautheit, die offenbar so weit ging, dass Friedrich ihm seine subkutan zur Wirkung kommenden Strukturprinzipien offenbarte. Denn sie liegen auch den gleich drei Fassungen von Kerstings Darstellung von Friedrich in seinem Atelier an der Staffelei zugrunde, die ab 1811 entstanden. Wir haben ausgesprochen wenige Quellen, die zeigen, dass Friedrichs abstrakte, verweismächtige Gestaltungsprinzipien von den Zeitgenossen erkannt wurden. Die wichtigste Quelle entstammt einem Roman eines engeren Freundes von Friedrich, des Rügener Pfarrers Theodor Schwarz. Die Friedrich'schen Prinzipien der Bildgestaltung werden dort an drei Stellen in nur leicht verhüllter Form beschrieben.

1811 unternahm Friedrich eine Harzreise und besuchte Goethe in Jena. Bei aller wechselseitigen Wertschätzung – Goethe kaufte für Weimar mehrere Arbeiten von Friedrich – war ihr Verhältnis nicht einfach, zu unterschiedlich waren ihre Erwartungen an die Kunst. 1813/14 malte Friedrich Bilder mit Bezug auf die Freiheitskriege, lernte Ernst Moritz Arndt kennen und lieferte ihm Entwürfe für Denkmäler gefallener Freiheitskämpfer. Sein politisches Engagement war eindeutig. So finanzierte er beispielsweise Kersting seine Ausrüstung für die Lützower Jäger. 1818 war für Friedrich in verschiedener Hinsicht ein besonderes Jahr. Nicht nur erhielt er im September, wie bereits erwähnt, Besuch von Reimer und Schleiermacher. Letzterer hat sich mehrfach um Friedrich bemüht, offensichtlich hatte er schon die Ausstellung des «Mönch am Meer» und der «Abtei im Eichwald» in Berlin in die Wege geleitet. Anfang des Jahres 1818 heiratete Friedrich Caroline Bommer – zur Verwunderung seines Umfelds, das dem Einzelgänger einen solchen Schritt nicht zugetraut hätte. Bis 1824 schenkte Caroline ihm drei Kinder. Im Sommer 1818 machten sie ihre Hochzeitsreise nach Greifswald zu Friedrichs Familie und dann vor allem nach Rügen. Eine Reihe von durchaus glücklichen Bildern entstand, selbst wenn auch ihnen komplexere Bedeutungen eingeschrieben sind: der «Kreidefelsen auf Rügen», die «Frau am Meer» und «Auf dem Segler», alle noch von 1818, und auf allen scheint Friedrichs Frau eine Hauptrolle zu spielen, zu erkennen jeweils an ihrem roten Kleid. Derartig positiv gestimmte Bilder sollten sich bei Friedrich als eher selten erweisen.

1819 malte Friedrich eine Ikone der deutschen Romantik, die «Zwei Männer in Betrachtung des Mondes» (Abb. 15). Das Bild war bis 1840 im Besitz von Johan Christian Clausen Dahl, mit dem Friedrich zusammenwohnen sollte, ihre nähere Bekanntschaft begann 1819. Das Gemälde, bei dem vieles dafür spricht, dass Friedrich sich selbst entweder mit seinem Lieblingsschüler August Heinrich oder, wie man zuletzt vermutet hat, mit Dahl dargestellt hat, beide in Demagogentracht, stand noch 1820 auf der Staffelei, als er von Peter Cornelius Besuch erhielt, der bereits seine Bestallungsurkunde als Münchner Akademiedirektor in der Tasche trug. Cornelius hat überliefert, Friedrich habe auf die Frage hin, was denn dargestellt sei, ironisch geäußert, die beiden Männer würden demagogische Umtriebe machen. Abgesehen davon, dass Friedrich mit dieser Bemerkung Cornelius offensichtlich irritieren wollte, weist die Ironie auf den deutlichen Gegensatz zur Ausdrucksdimension des Bildes, denn wenn die beiden dargestellten Figuren eines nicht machen, dann demagogische Umtriebe. Sie sind in ihrer Vertrautheit in tiefes Nachdenken angesichts der nächtlichen Natur versunken.

Im Dezember 1820 wurde Friedrich vom Großfürsten Nikolaus von Russland besucht, dem späteren Zaren Nikolaus I. Dieser ließ in der Folge über seinen Agenten Wassili Schukowski Bilder bei ihm ankaufen. Schukowski scheint bei Friedrich Zeichnen gelernt zu haben, auf seinen Reisen hat er unendlich viele Ansichten aufgenommen. Ihr etwas zögerlicher Strich, ihre leichten Verzerrungen sprechen mit großer Wahrscheinlichkeit dafür, dass er bei seinen Studien eine Camera obscura benutzt hat, es sich also um Nachzeichnungen der Spiegelungen auf der matten Glasscheibe der Camera handelt – was auch Rückschlüsse auf Friedrichs Benutzung technischer Hilfsmittel zulässt. Im Übrigen hat Friedrich nicht nur Gemälde an den russischen Hof geschickt, sondern auch Transparente für den russischen Thronfolger Alexander. Durch die Beleuchtung von hinten dienten sie als beliebte Lichtspiele. Nach Friedrichs Tod 1840 hat der Hof über Schukowski dafür gesorgt, dass die Familie des Künstlers finanziell unterstützt wurde.

1823 kehrte Friedrichs vertrauter Kollege Dahl von einem zweijährigen Italienaufenthalt nach Dresden zurück und brachte eine Fülle von ausgesprochen locker gemalten Ölskizzen mit. Kurzzeitig, 1824, hat sich auch Friedrich mit diesem besonderen Medium beschäftigt. So faszinierend die Ergebnisse auch sind, der Typus entsprach nicht Friedrichs Vorstellung von einem vollgültigen Bild – von daher hat er in den nassen Grund den Hinweis auf die Tageszeit der Entstehung und das Aufnahmedatum geritzt (Abb. 16). Damit hat er die Skizzen nicht nur als unmittelbare Naturwiedergaben charakterisiert, sondern auch ihren bloßen Studiencharakter betont. Auf seinen Ölbildern dagegen finden sich generell weder Aufschriften noch Signaturen. Beim Auslassen der Signatur dürfte es sich nicht nur um einen Bescheidenheitstopos handeln – der Vorrang gebührt Gottes Schöpfung, nicht einem sterblichen Künstler –, sondern in geradezu dialektischer Umkehr des Bescheidenheitsgedankens um den Ausdruck der Überzeugung, dass seine Bilder in ihrer besonderen strukturellen Anlage unverkennbar seien.

1824 erhielt Friedrich zwar eine außerordentliche Professur für Landschaftsmalerei an der Dresdener Akademie, aber bei sehr geringem Gehalt. Umso mehr musste es ihn treffen, dass er bei Freiwerden der regulären Professur für die Landschaftsklasse auch aus politischen Gründen übergangen wurde, zumal seine finanziellen Verhältnisse prekär waren. Es folgten Erkrankung und Beurlaubung von der Akademie, um sich erholen zu können. In der Folgezeit verschlechterte sich Friedrichs Gesundheitszustand, sein Gemüt verdüsterte sich. Weitere Kuraufenthalte, unter anderem in Teplitz in Böhmen, sorgten nur für kurzfristige Besserung.

Gegen Mitte der zwanziger Jahre entstanden Bilder des Eismeeres. Eines trug den Titel «Die gescheiterte Hoffnung», der Auftraggeber Johann Gottlob von Quandt wünschte sich ein dramatisches nordisches Gegenstück zu einer lieblichen Italienlandschaft, für die ein Auftrag an Johann Martin von Rohden erging. Von einer Nordlandreise hatte Friedrich, der gebürtige Schwede, immer geträumt, erwartete er doch von seinem König eine protestantische Erneuerung aus dem Norden, so wie sie dessen Vorläufer Gustav II. Adolph im Dreißigjährigen Krieg gebracht hatte. Es ist nie dazu gekommen. Bei allen gesundheitlichen Einschränkungen, die ihren traurigen Höhepunkt 1835 in einem Schlaganfall erreichten, gelangen Friedrich doch in den späteren Jahren einige ganz ungewöhnlich eindrückliche Bilder: die «Abendsternlandschaft», zwischen 1830 und 1835 zu datieren, die «Lebensstufen», um 1834/35, und als Krönung des Spätwerks «Das große Gehege», das man 1832 datiert. Es folgt in seiner besonderen konvexen Wölbung den Erfahrungen mit einem Parabolspiegel oder einer entsprechenden Linse.

In den späten Sepien griff Friedrich, wohl 1826, noch einmal die Bilderfindungen seines Jahreszeitenzyklus' auf, der 1803/06 entstanden war. Durch den Schlaganfall wurde seine Hand unsicher, weswegen er zu kleinen Sepiaarbeiten zurückkehrte, da er hier den Arm beim Zeichnen auf den Zeichentisch legen konnte. Die Sepiablätter aus dieser Zeit, die um Nacht, Tod und Grab kreisen, erscheinen ein wenig steif und miniaturhaft, ihnen fehlt das Schwebende, das in den subtilen farbigen Abstufungen sich zeigende Sehnsuchtsvolle der frühen Sepien. Einige ganz späte Gemälde wie das Hamburger Bild «Meeresufer bei Mondschein» sind in ihrer düsteren Schwärze und ihrer sonderbaren Verfestigung durch symmetrische Anlage so etwas wie ein trauriger Abgesang. Demgegenüber wirken Friedrichs wohl zwischen 1829 und 1832 verfasste «Äußerungen bei Betrachtung einer Sammlung von Gemählden von großentheils noch lebenden und unlängst verstorbenen Künstlern» wie ein aggressives Aufbegehren gegen die eigene Vergänglichkeit und die Enttäuschung über mangelnde Anerkennung. Zugleich aber spiegelt sich in der durchaus drastischen Kritik der zeitgenössischen Kunst auch ein erstaunlich hellsichtiges Verständnis anderer künstlerischer Strategien und Verfahrensweisen in pointiert verdichteter Form.

1840, am 7. Mai, starb Friedrich in eher ärmlichen Verhältnissen. Er ist auf dem Trinitatis-Friedhof in Dresden-Johannstadt beerdigt.

3. Die frühen Zeichnungen

Die Zeichnungen, die Friedrich auf seinen Rügenwanderungen 1801, 1802 und 1806 aufgenommen hat, sind weitestgehend quadriert (Abb. 4), also zur Übertragung in ausgeführte braunfarbige Sepien in größerem Format gedacht. Sie stellen überwiegend fernsichtige Ansichten dar. Geht der Blick aufs Meer, so ist der Horizont mit dem Lineal gezogen. Da die Horizontlinie zugleich die Höhe des Augen- oder Fluchtpunktes festlegt, ist sie für Friedrichs Entwurfspraxis zentral und seiner Überzeugung geschuldet, dass jeder Gegenstand, und sei er noch so gering, unter allen Bedingungen seiner Erscheinung wiedergegeben werden müsse. Außerdem scheidet die Horizontlinie die Gegenstände in von oben und von unten gesehene.

Mit dem sogenannten Osloer Skizzenbuch von 1807 beginnt Friedrich, die Angaben auf den aufzunehmenden Zeichnungen

4 Caspar David Friedrich, Flachlandschaft auf Rügen (Blick auf Putbus), 16. August 1801, Feder in Braun über Bleistift, Hamburger Kunsthalle, Kupferstichkabinett

zu systematisieren, um sich bei Verwendung in späteren Bildern an die besonderen Bedingungen erinnern zu können und in dieser Hinsicht keinen «Fehler», keinen Verstoß gegen die Schöpfung zu begehen. Die Zeichnungen von 1801, 1802 und 1806 sind noch ohne weitergehende Angaben, sieht man davon ab, dass sie auf den Tag genau datiert sind; das erleichtert es, Friedrichs Reiseverlauf zu verfolgen. Ferner geben sie nicht selten die Namen entfernter Ortschaften an, was bei der Lokalisierung hilft.

Vor allem dient die Horizontlinie bei den frühen Zeichnungen, die zumeist panoramatisch angelegt sind, der Möglichkeit, bei von der Mitte zur rechten und linken Seite notwendig gewendetem Blick die seitlichen Landschaftsteile perspektivisch überzeugend zuzuordnen (Abb. 5). In seinen späten «Äußerungen» spricht Friedrich gar von einem Fokus von 180°, der wiederzugeben sei (Friedrich 1999, S. 9, Z. 1448). Das entspringt einer Erfahrung, die sogenannte Halb- oder Zimmerpanoramen ermöglichten, die mit einer Weitwinkellinse arbeiteten. So

5 Caspar David Friedrich, Rügenlandschaft mit Fernblick von Stresow über das Reddevitzer Höft nach Mönchsgut, 17. Juni 1801, Feder in Braun über Bleistift, Dresden, Staatliche Kunstsammlungen, Kupferstich-Kabinett

dürfen wir annehmen, dass Friedrich von Anfang an optische Hilfsmittel benutzt hat, so wenig das der Vorstellung von einem romantisch-empfindsamen Künstler entgegenkommen dürfte. Friedrich war bei einer derartigen panoramatischen Anlage nicht ohne Vorbild. Naheliegend ist es anzunehmen, dass er eine Vorrichtung verwendete, wie sie Christoph Nathe bei seinen Schlesischen Ansichten, die 1803 von Christian Haldenwang in Aquatinta gestochen wurden, benutzte: einen Visierrahmen, der schon zu Dürers Zeiten geläufig war, in den allerdings als Neuerung eine sogenannte optische Glastafel gespannt wurde. Um einen festen Augenpunkt zu erreichen, wurde im rechten Winkel zur Glastafel am unteren Rand in der Mitte ein Holzstab angebracht, auf dem ein Visierloch befestigt wurde, zudem noch eine Kinnauflage. Das Ganze wurde an einem längeren Stab befestigt und in den Boden gerammt. So konnte der Zeichner immer wieder die identische Position vor dem Objekt einnehmen. Und ganz in Friedrichs Sinn formulierte Nathe zur

6 Caspar David Friedrich, Blick von der Südküste Rügens über die Insel Vilm nach Wusterhausen, Kröslin und Wolgast, 16. Juni 1801, Feder in Schwarz über Bleistift, Köln, Wallraf-Richartz-Museum & Fondation Corboud, Graphische Sammlung

optischen Glastafel: «… auf und durch welche ich mir dann die Bergformen (Horizonte) geradezu zeichnen will, so kann kein Haar an der Richtigkeit des Conturs fehlen» (Kat. Dessau 1996, S. 195). Nathe zeichnete dabei auf die Glastafel, pauste die Umrisse ab und entwickelte neben der folgenden Vedute ein sogenanntes Horizonteblatt im bloßen Umriss, auf dem die einzelnen Berge jeweils über ihrer Spitze benannt wurden (Fröhlich 2007, S. 29–31). Ebenso verfuhr Friedrich etwa am 16. Juni 1801 bei der Benennung von Ortschaften in der Ferne auf seiner Zeichnung mit einem Blick von Rügen über die Insel Vilm auf das ferne Festland (Abb. 6).

Die beschriebene Vorrichtung diente erst einmal nur der extrem genauen Erfassung ferner Silhouetten, zudem vereinfachte und beschleunigte das Hilfsmittel die Aufnahme. Die Zeichnung mit dem Blick über die Insel Vilm weist allerdings noch andere Verweise auf, was zu dieser Zeit bei Friedrich eine Ausnahme darstellt. So finden sich ganz links «Morgen» und ganz rechts «Abend» vermerkt, und neben dem «Morgen» ist eine kleine Sonne angebracht – so können wir uns den Weg der Sonne vom Auf- bis zum Untergang vorstellen. Da die Zeichnung vom bloßen Umriss lebt, kann nicht ohne weiteres bestimmt werden, wie weit die gestaffelten Hügelsilhouetten voneinander entfernt sind, dafür wird Friedrich später in Form von Nummerierungen eine Lösung finden. Kleine Kreise in freien Feldern sollen auf die Wasserzonen zwischen den Inseln und dem Festland verweisen.

Wie sehr es Friedrich auf absolute Genauigkeit bei der Wiedergabe von Gegenständen und Formationen ankam, kann eine inzwischen geradezu berühmte Zeichnung vom 17. August 1801, also von seiner zweiten Rügenwanderung dieses Jahres, belegen (Abb. 7). Man hat diese Aufnahme lange falsch lokalisiert, was ich 2002 korrigieren konnte. Das ist insofern von Bedeutung, als die Zeichnung in zweierlei Hinsicht ungewöhnlich ist. Zum einen ist, wie Mayumi Ohara zuerst beobachtet hat, das durchaus öde Stück Strand im Vordergrund wortwörtlich, bis in die letzte winzige Erhebung und den kümmerlichen Bewuchs, in die Darstellung des «Mönch am Meer» übernommen worden. Während die leichte Anhebung des Strandstücks in der Zeichnung von 1801 genau in die Mitte des Zeichenblattes gelegt wurde und so der Darstellung eine ausgeglichene Gewichtung gibt, ist das Stück Strand im «Mönch am Meer» (s. Abb. 14) ein Stück verschoben – was einmal mehr dafür spricht, dass das Gemälde ausdrücklich durch eine gewisse Ordnungslosigkeit ausgezeichnet ist. Dies trifft, wie wir sehen werden, auf so gut wie kein anderes Bild von Friedrich zu. Zum anderen aber – und das hat die richtige Lokalisierung so lange verhindert – gibt Friedrich auf der Zeichnung den Hintergrund hinter einer großen Bucht zwar, was den Verlauf der Umrisse angeht, vollkommen richtig wieder, doch in den Größenverhältnissen beträchtlich gesteigert.

Dankenswerterweise existiert eine weitere ausgeführtere Zeichnung von Friedrich aus dem Jahr 1815, die erneut das besagte Strandstück wörtlich übernimmt, dabei aber den Hintergrund in seiner Größe noch einmal steigert (Abb. 8). Und dieses

7 Caspar David Friedrich, Südküste von Rügen (Mönchsgut) (Großer Lobber Strand), 17. August 1801, Feder in Braun über Bleistift, Hamburger Kunsthalle, Kupferstichkabinett

Blatt liefert auch die Erklärung, wie Friedrich die Steigerung vollzogen hat. Denn im Vordergrund stehen zwei Rügenwanderer in Pelerine – es dürfte sich um Friedrich und seinen Freund Friedrich Gotthelf Kummer handeln, den Dresdener Münzmeister, der ihn auf der Rügenwanderung von 1815 begleitet hat. Der eine von ihnen, vermutlich Kummer, hat dem anderen, der ihm in der Ferne etwas weist, ein Fernrohr auf die Schulter gelegt, um einen sicheren Halt zu haben. Offensichtlich hat Friedrich, und zwar bis in die späten Zeichnungen aus Teplitz hinein, die Ferne mit Hilfe eines Fernrohrs herangeholt. Verfolgt man seinen Reiseweg auf der Wanderung im August 1801, dann kommt man darauf, dass die Landschaftsaufnahme auf Mönchsgut, und zwar am sogenannten Großen Strand von Lobbe, erfolgt ist, mit Blick über die Ausbuchtung von Lobber Ort auf das sogenannte Nordperd beim Seebad Göhren ganz im Hintergrund auf den östlichsten Zipfel von Rügen. Fotografiert man heute am Großen Strand stehend mit Zoom, so erhält man die Friedrich'schen Silhouetten auch in den entsprechenden Grö-

8 Caspar David Friedrich, Zwei Männer auf das Meer weisend, um 1815, Feder in Schwarzgrau über Bleistiftspuren, Dresden, Staatliche Kunstsammlungen, Kupferstich-Kabinett

ßenverhältnissen noch immer in allen Details. Was das für den «Mönch am Meer» bedeuten mag, sei später erwogen.

Auf einer Zeichnung von Friedrichs Rügenwanderung von 1802, die auf den 17. Mai datiert ist und einen weiten Fernblick vom Rugard zeigt, der höchsten Erhöhung auf Rügen (Abb. 9), findet sich ein sonderbares Motiv, das sich sonst nicht nachweisen lässt: Auf der rechten Seite erkennt man zwei gleich große Figuren, die eine auf einem Wanderweg am Fuße eines Hügels, die andere auf der Spitze dieses Hügels; sie fungieren offensichtlich als Größenmaßstab. Auf einer Tafel zu Pierre-Henri de Valenciennes' gewaltigem Perspektivtraktat von 1799/1800, das 1803 auch auf Deutsch erschien, zeigt sich exakt diese

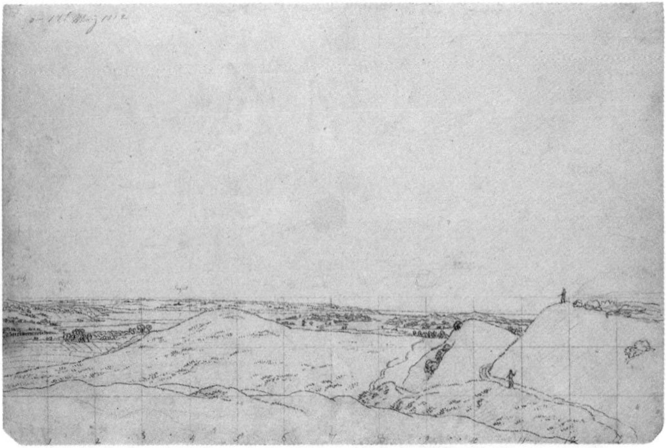

9 Caspar David Friedrich, Blick vom Rugard auf Rügen, 14. Mai 1802, Feder in Braun über Bleistift, Dresden, Staatliche Kunstsammlungen, Kupferstich-Kabinett

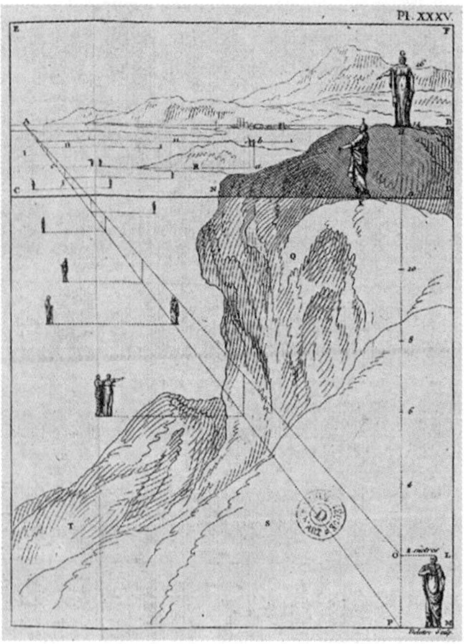

10 Pierre-Henri de Valenciennes, Taf. 35 zu seinem Traktat «Élémens de perspective pratique», Paris 1799/1800

Figuration am rechten Rand und dient hier der mathematischen Demonstration, wie man Verkürzungen in einer Landschaft konstruiert und Größenverhältnisse mit einer Fülle von Hilfslinien präzise angeben kann (Abb. 10). Die Übereinstimmung ist so offensichtlich, dass wir davon ausgehen können, dass Friedrich dieses Traktat schon in der französischen Fassung in seinen Händen gehabt hat. In einem späteren Kapitel werden wir eine Fülle von Übereinstimmungen zwischen Friedrichs Bildverfahren und Valenciennes' Traktat finden (s. S. 82–89). Vorerst allerdings haben wir die Umsetzung der frühen Zeichnungen in die bis 1806/07 entstehenden großen Sepiazeichnungen zu verfolgen.

4. Die Sepiazeichnungen und die Entwicklung von Friedrichs zentralen Bildordnungsprinzipien

Mit seinen bildmäßigen Sepien beginnt Friedrich 1800/01. Die beiden ersten scheinen unvollendet zu sein, offenbar hat Friedrich hier mit dem für ihn neuen Medium experimentiert. Die erste zeigt eine vielbesuchte Sehenswürdigkeit der Sächsischen Schweiz, «Das Felsentor im Uttewalder Grund» (Abb. 11). Das schmale Tor, gebildet durch von den seitlichen hohen Felsen herabgestürzte und ineinander verkeilte Gesteinsbrocken, hat in seiner Erscheinung den Zeitgenossen offenkundig Furcht eingejagt, nur mit Zögern wollte man es durchschreiten. Der Vordergrund des Blattes scheint ungestaltet. Die zweite Sepie, die im Zentrum deutlich unvollendet ist, hält einen Brand in einer Klosterruine fest. Beide haben ein Format von 50 x 70 Zentimeter. Ganz offensichtlich hat Friedrich überlegt, wie er auf den Zingg'schen Bildtypus antworten sollte. Zingg entwarf Veduten und zeigte auf ihnen städtische Naturbesucher. Ästhetisch gesprochen haben ihn die pittoresken Motive gereizt. In seinen ersten Sepien scheint Friedrich darauf mit dem Typus erhabener Motive antworten zu wollen. Dem bloß Erzählerischen stellt er etwas Dramatisches entgegen. Es spricht jedoch vieles dafür,

11 Caspar David Friedrich, Das Felsentor im Uttewalder Grund, um 1801, Pinsel in Braun über Bleistift, Essen, Museum Folkwang

dass Friedrich sehr bald realisiert hat, dass das dramatisch Sublime nicht sein Modus war. Die dramatische Auffassung hat er nur noch einmal gewählt, und zwar für eine Variante seiner Kap-Arkona-Sepien. Auch sie gehört zur Frühphase seiner Beschäftigung mit den großen Sepien.

Die Ansichten von Kap Arkona, die samt und sonders auf eine zeichnerische Aufnahme von 1801 zurückgehen, hat Friedrich immer wieder neu inszeniert: früh am Morgen mit aufgehender Sonne, am Abend bei Mondaufgang, mit Fischernetzen und ohne und eben einmal, 1803, mit aufgewühltem Meer und Schiffbrüchigen, die sich zum Teil ans Ufer retten konnten, während ein zerborstener Mast im Wasser treibt. Dabei handelt es sich um einen festen Bildtypus mit präzise benennbarer Genese: Er geht zurück auf Claude-Joseph Vernet, der das Motiv vielfach variiert hat und dessen Bilder auch graphisch reproduziert wurden und dadurch weit verbreitet waren.

Ein derartiges Motiv sollte Friedrich nicht wieder aufgreifen. Im Folgenden wechselte er, verkürzt gesagt, vom demonstrativ Dramatischen zum Meditativen, eher Handlungslosen. Das kann besonders eindrücklich die größte und schönste Ansicht von Kap Arkona belegen (Abb. 21). Sie zeigt das Kap erneut mit aufgehendem Mond und ist wohl 1806 entstanden, jedenfalls wird sie in diesem Jahr zuerst erwähnt. Das Format von 61 x 100 Zentimetern überbietet auch das größte der Blätter von Zingg. Die Subtilität in der Abstufung des Sepiatons von Schwarzbraun bis zu einem durchsichtigen Hellbraun ist atemberaubend. Dabei weist das Blatt – und das ist das Besondere – Bildordnungsprinzipien auf, zu denen Friedrich offenbar zwischen 1804 und 1806 gelangte. Da es sich hier um das gesamte kommende Œuvre zentral prägende Prinzipien handelt, gilt es an dieser Stelle etwas genauer hinzuschauen.

Mit diesem Blatt, so kann man simpel festhalten, beginnt Friedrich, seine Darstellung auf dem Geviert des Papiers zu verankern. Auf allen anderen Ansichten von Kap Arkona, die wohl samt und sonders 1803 entstanden sind, fehlt ein kleines Motiv, zumindest in der hier gültigen Form und Funktion: ein am Ufer im Mittelgrund auf den Strand gezogenes Boot, dessen Mast schnurgerade in den Himmel weist und genau die senkrechte Bildmitte markiert. Und auch die Wolken, die einen zarten Bogen über dem hellen Mond rechts am Horizont bilden, sind nicht «ortlos»: Der Wolkenbogen führt vorsichtig an den rechten Bildrand und trifft ihn genau in der halben Bildhöhe. Ihm korrespondiert das leicht nach rechts abfallende Steinufer. Diese vorsichtigen Mittel der Bildbefestigung beruhigen die Darstellung und harmonieren mit der spätabendlichen Ruhe über dem Meer bei Mondaufgang. Friedrichs Jahres- und Tageszeitenzyklus in Sepia, von dem sich drei der vier Blätter erhalten haben, wird gemeinhin auf 1803 datiert, vor allem weil sich beim Frühlingsblatt auf der Rückseite diese Jahreszahl findet. Nachdenklich machen sollte allerdings, dass der Zyklus als ganzer erst 1807 besprochen wurde, 1808 dann ausführlich von Gotthilf Heinrich von Schubert in seinem Traktat «Ansichten von der Nachtseite der Naturwissenschaft». Die Entstehungsgeschichte des Zyklus' ist auch insofern schwierig einzuschätzen, als sowohl technisch wie auch stilistisch erstaunliche Unterschiede zwischen den einzelnen Blättern auszumachen sind. In «Frühling» und «Winter» herrscht die Sepia vor. Während der «Frühling» jedoch locker getupft ist und deutliche Trockenränder aufweist, was für einen hohen Feuchtigkeitsanteil spricht, ist der «Winter» (Abb. 17) körnig, was auf eine andere Sepiamischung hindeutet, und vor allem stumpffarbig – der Feuchtigkeitsanteil ist geringer. Nun mag diese Unterscheidung von Friedrich bewusst gewählt sein, denn der stärkere Grauton der braunen Sepia beim «Winter» legt sich wie ein leichter Schleier über die Darstellung und könnte durchaus als Äquivalent zur Jahreszeit gedacht sein. Doch die Differenz des Winterblattes zu den drei anderen Jahreszeitendarstellungen ist auch auf einem anderen Feld zu beobachten.

Auch beim «Winter» lassen sich Bildordnungsprinzipien feststellen, die den anderen Blättern fehlen. So könnte es sein, dass das Winterblatt erst 1806 entstand, was die erst dann folgenden Besprechungen erklären könnte. Der Winter weist das für Friedrich in der Folge wichtigste und am häufigsten genutzte Strukturierungsverfahren auf: den Goldenen Schnitt. Im «Winter»

12 Caspar David Friedrich, Die Lebensstufen, um 1835, Öl auf Leinwand, Leipzig, Museum der Bildenden Künste

13 Caspar David Friedrich, Tetschener Altar, 1808, Öl auf Leinwand, Dresden, Staatliche Kunstsammlungen, Gemäldegalerie Neue Meister

14 Caspar David Friedrich, Der Mönch am Meer, 1810, Öl auf Leinwand, Staatliche Museen zu Berlin, Alte Nationalgalerie

15 Caspar David Friedrich, Zwei Männer in Betrachtung des Mondes, 1819, Öl auf Leinwand, Dresden, Staatliche Kunstsammlungen, Gemäldegalerie Neue Meister

16 Caspar David Friedrich, Abend, Oktober 1824, Öl auf Karton, Mannheim, Kunsthalle

17 Caspar David Friedrich, Winter – Nacht – Alter und Tod, um 1803/06, Pinsel in Braun über Bleistiftspuren, Staatliche Museen zu Berlin, Kupferstichkabinett

ist, im Gegensatz zu den frühen Rügensepien, aber im Einklang mit späteren Rügengemälden, die Horizontlinie auf die untere Waagerechte des Goldenen Schnitts gelegt. Die rechte Senkrechte dieses Teilungsverfahrens, das seit dem 16. Jahrhundert als «göttliche Proportion» galt und das vom Betrachter als angenehm empfunden wird, markiert den rechten Rand der Klosterruine, vor der ein alter Wanderer an einem offenen Grab sitzt. Die linke Senkrechte dagegen verläuft entlang der rechten Fensterlaibung des hohen Lanzettfensters der Ruine, an die der Mond, der über dem Meer aufgeht und ein schwaches Licht über die Darstellung breitet, direkt stößt. Diese Linie im Gegensatz zur eher nur leicht betonten rechten Senkrechten ist die Hauptlinie der Darstellung. Sie zieht das Auge auf sich und wird in der Rezeption als leicht widerständig empfunden, was dem Thema von Alter und Tod im Bild des «Winters» entspricht. Die Widerständigkeit erklärt sich leicht aus unserer europäischen Leserichtung. In Bildern mit eher positiver Aussage ist die rechte Senkrechte des Goldenen Schnitts häufig der Ort des Bildhelden, hier sammelt sich die Darstellung, von hier strahlt sie aus. Der Grauton, die Ruine, die abgestorbenen Bäume rechts, das offene Grab und die Grabkreuze – all dies verweist auf Tod und Ende. Allein der Mond, der sein Licht durch das glaslose Lanzettfenster wirft und den Wanderer streift, scheint so etwas wie Erlösungshoffnung nach dem Tod zum Ausdruck zu bringen. Friedrich hat den Gedanken auch in Gedichtform beschworen: Nur im Durchgang durch den Tod ist Hoffnung auf ein ewiges Leben denkbar. Dass der Mond an die Linie des Goldenen Schnitts gebunden ist, kann den Hoffnungsgedanken verstärken.

Es scheint so, als ließe sich Friedrichs erste Nutzung des Goldenen Schnitts genau datieren. Die sogenannten Fenstersepien, die sein Atelier in Dresden mit Blick auf die Elbe in zwei Perspektivansichten wiedergeben, sind 1805/06 datiert und rufen das göttliche Teilungsverhältnis in gleich vielfacher Form auf. Sie haben durchaus Demonstrations-, ja, geradezu Bekenntnischarakter, als wollten sie Friedrichs Bildordnungsprinzipien in all ihren Möglichkeiten, auch in ihrer inhaltlichen Konsequenz vorführen. Allerdings wird dies nicht leicht offenbar, was Sinn macht, denn als ästhetisches Prinzip soll dieses Verfahren auch nur subkutan zur Wirkung kommen: Wir sollen eine Ahnung von der Gefügtheit der Bildelemente bekommen.

Die beiden Sepien zeigen die Atelierfenster in unterschiedlicher Perspektive. Bei der Sepie des rechten, beinahe frontal gesehenen Fensters (Abb. 18) erkennt man im vom linken Rand angeschnittenen Spiegel, der leicht gekippt ist, den oberen Teil eines Kopfes bis knapp unter die Augen: Es handelt sich offensichtlich um den aufnehmenden Zeichner Caspar David Friedrich. Auf diesem Wege wird uns die Perspektivsicht verdeutlicht. Zu dieser in einer gewissen Spannung steht die Bildflächenordnung durch den Goldenen Schnitt. Naheliegend ist das Faktum, dass die Mittelachsen der Darstellung durch das Fensterkreuz gebildet werden, womit die Verankerung der Darstellung auf der Bildfläche eindeutig ist. Durch die geöffneten Fensterflügel im unteren Teil erscheint diese Ordnungsvorgabe gemildert.

18 Caspar David Friedrich, Blick aus dem Atelierfenster (rechtes Fenster), um 1805/06, Pinsel in Braun, Feder in Braun, Bleistiftspuren, Wien, Belvedere

Die Linien des Goldenen Schnitts sind dagegen etwas schwieriger zu realisieren, doch sie kommen alle zur Wirkung: Die obere Waagerechte wird angedeutet durch den oberen Rand der Spie-

19 Caspar David Friedrich, Blick aus dem Atelierfenster (linkes Fenster), um 1805/06, Pinsel in Braun, Feder in Braun, Bleistiftspuren, Wien, Belvedere

gelleiste, die untere Begrenzung des Spiegels greift im Übrigen die durch die obere Begrenzung des Fensterquerbalkens betonte waagerechte Mittelachse auf. So verbinden sich die beiden Systeme am Spiegel mit Friedrichs Bildnis. Die untere Waagerechte des Goldenen Schnitts verläuft haargenau durch den Nagel, der die Schere links an der Wand hält. Dass dies kein Zufall, sondern für Friedrich ästhetische Notwendigkeit ist, belegt die Sepie mit dem linken Fenster (Abb. 19). Dort wird das Motiv durch den Nagel rechts an der Wand wiederholt, an dem der Schlüssel hängt und der erneut auf den Millimeter genau die untere Waagerechte des Goldenen Schnittes markiert. Auf der Ansicht des rechten Fensters geht die linke Senkrechte des Goldenen Schnitts genau durch die Mitte der linken Fensterflügelkompartimente. Die rechte scheint eher unspezifisch zu sein, doch dann entdeckt man, dass sie durch den Schiffsmast des vor Friedrichs Fenster ankernden Segelbootes verläuft und somit auf der Bildfläche das Innen und Außen des Bildraumes verbindet.

Ähnlich in ihrem Verhältnis zueinander verlaufen die Senkrechten des Goldenen Schnitts bei der Sepie des linken Fensters, die den Blick auf die Dresdener Augustusbrücke eröffnet. Die linke, ganz eindeutig, markiert exakt den Winkel der Fensterlaibung, die rechte dagegen mag man zuerst wieder für unspezifisch halten. Dann aber stellt man fest, dass hier das ästhetische System mit dem Künstler selbst verbunden ist, indem die Senkrechte durch einen an Friedrich adressierten Brief auf der Fensterbank verläuft. Die obere Waagerechte stößt wieder am Bildrand auf den oberen Abschluss des Spiegels, die untere betont, wie gesagt, den Schlüssel an der Wand.

Man kann – und soll – nun spekulieren, was all dies zu bedeuten hat. Es scheint sich nicht wirklich zu lohnen, all die mit Aplomb und Ausschließlichkeit an die Blätter herangetragenen forcierten Deutungen zu wiederholen. Die Zumutung fixer, durch die Tradition vermeintlich geheiligter Bedeutungszuweisungen wird Friedrichs bewusst verhülltem strukturellen Vorgehen nicht gerecht, auch deswegen, weil es sich um eine ästhetische, mithin abstrakte Ordnung handelt, die nicht einfach konkretisiert werden kann. Gerade die bloße An- oder Hindeutung macht den Reiz für den Rezipienten aus, über etwaige Bedeutungen nachzusinnen. Was kann man dennoch sagen? Die auf beiden Blättern zur Anwendung kommenden sämtlichen vier

Linien des Goldenen Schnitts haben ostentativen Charakter: Dieses ästhetische «Geheimnis» wird auch im Folgenden ein Grundstrukturelement von Friedrichs Werken sein. Dennoch: Ist es zu viel vermutet, wenn man die Schere auf den Goldenen Schnitt, den Schlüssel, auch im übertragenen Sinn, auf das Aufschließen, die Verbindung von Innen und Außen, von künstlerischer Fassung der Wirklichkeit und eben dieser Wirklichkeit selbst bezieht und damit als Aufschluss dieses Verhältnisses begreift? Es sei dahingestellt. Dass aber der Goldene Schnitt so etwas wie Friedrichs Rechtfertigung all seiner Kunst darstellt, die sich nicht in Wirklichkeitswiedergabe erschöpft, aber auch nicht in definitiven Bedeutungssetzungen, so viel wird man sagen können.

Fast triumphal führt Friedrich uns dies in einem seiner allerersten Ölbilder vor, dem «Sommer» von 1807 (Abb. 22). Vor der Kulisse einer bergigen Flusslandschaft umarmt sich ein Paar in einer Laube, Blumen blühen, es ist eine serene Glücksstimmung. Derartiges ist ausgesprochen selten in Friedrichs Œuvre und dürfte sich hier aus der Tradition der Jahreszeiten-Ikonographie erklären: der Sommer, auch der Sommer des Lebens, als kurzer Glücksmoment, dem Herbst und Winter folgen. Die weite Flusslandschaft nimmt noch nicht einmal die halbe Bildhöhe ein, wir schauen von einem Hügel ins Tal. Doch an einer Stelle erheben sich, geradezu ineinander verwachsen, eine Birke und eine Pappel mit nur einer gemeinsamen Spitze in den Himmel, und genau in der Mitte zwischen den beiden nah beieinanderstehenden Baumstämmen ist ein schnäbelndes Taubenpaar zu erkennen als Paraphrase auf das glückliche Paar in der Laube. Baumspitze und die schnäbelnden Tauben aber sind exakt auf der rechten Senkrechten des Goldenen Schnitts angeordnet. Friedrich scheint diese einseitige Betonung seines Ordnungsprinzips besonders wichtig gewesen zu sein, als wollte er uns zeigen, dass es auf den Kontext ankommt, ob wir diese Ordnung positiv oder negativ lesen. Hier sind Frieden und Glück scheinbar auf Dauer gestellt, als wäre der Moment ewig. So ist in diesem Bild die ästhetisch befriedigende Linie der eigentliche Bildheld.

5. Wendepunkte: Der «Tetschener Altar» und der «Mönch am Meer»

Mit dem «Tetschener Altar» und dem «Mönch am Meer» hat sich Friedrichs Kunst ein für alle Mal verändert. Man kommt daher nicht umhin, sich mit diesen Ikonen der deutschen Malerei etwas ausführlicher zu beschäftigen, soviel auch über sie geschrieben wurde. Die Gefahr bei ikonischen Bildern besteht darin, dass in der Rezeptionsgeschichte wenige Charakteristika sich zu verselbständigen pflegen und die Vorstellung vom historischen Ort der Bilder dabei verloren geht. Im Falle Friedrichs kommt erschwerend hinzu, dass schon seine Zeitgenossen auf höchst unterschiedliche Weise auf die beiden Gemälde reagiert haben. Und die kunsthistorische Forschung meinte daraufhin, einen bekenntnishaften Deutungswettstreit austragen zu müssen. Unversöhnliche Lager stehen sich bis heute gegenüber, wir haben bereits darauf hingewiesen. Hier kann nicht der Ort sein, darüber zu berichten. Doch sollte man im Gedächtnis behalten, dass das im Folgenden Vorgetragene, so sehr es sich bemüht, einen objektiven Standpunkt einzunehmen, vermutlich reflexhafte Reaktionen von Vertretern definitiver Positionen auslösen wird.

Woran liegt das? Auch das kann hier nur angedeutet werden. Bei aller Liebe, die man in der Tat zu Bildern Caspar David Friedrichs entwickeln kann – jedes forciert vorgetragene Bekenntnis tendiert dazu, einen Alleinvertretungsanspruch zu behaupten, der mit einer notwendigen wissenschaftlichen Auseinandersetzung nur wenig zu tun hat, vielmehr den Künstler und seine Werke, ob bewusst oder nicht, für eigene Interessen missbraucht. Die nationalistische Inanspruchnahme von Friedrich in der Nazi-Zeit sollte dabei zu aller Vorsicht gemahnen. Doch warum scheinen Friedrich und seine Werke in so besonderem Maße Bekenntnisse herauszufordern? In einem Satz gesagt: weil diese Werke selbst nicht auf die definitive Festschreibung eines bestimmten Sinns zielen, sondern auf die Eröffnung von Bedeutungsdimensionen, die den Anteil des Rezipienten brauchen, der, bei allen vom Künstler geleisteten Vorgaben, notwendig subjektiv bleibt. Nicht zur Einlösung dieses oder jenes vorgegebenen und vom Betrachter nur freizulegenden Sinns sind diese Bilder entstanden, vielmehr eröffnen sie auf Grund ihrer ästhetischen Wirkkraft einen Erfahrungsraum, in den wir uns begeben können. Sie schaffen ein Feld, auf dem wir uns durch die ästhetischen Vorgaben nicht etwa beliebig bewegen können, aber doch in voneinander leicht abweichende Richtungen.

Friedrich rekurriert in seinen Bildern nicht auf Allegorien oder Symbole, sondern verfährt eher metaphorisch (vgl. Busch 1987). Nicht dieses im Bild Gezeigte steht für das Bestimmte, sondern etwas im Bild ruft in uns Vorstellungen auf, bei denen uns bewusst bleiben muss, dass wir es sind, die sie prägen. Damit ist nicht etwa einer gänzliche Sinnoffenheit das Wort geredet, was notwendig zu Beliebigkeit tendieren würde. Vielmehr wird der Einsicht Rechnung getragen, dass jedes Zeichen im Bild in der Kombination mit anderen Zeichen keinen glatt und sauber abhebbaren, nicht mehr zu hinterfragenden Sinn produziert, sondern eine Reflexion über den möglichen Sinn eröffnet. Dass dies so ist, ist eine Entdeckung der Romantik nach den Erfahrungen der Französischen Revolution, die alle Gewissheiten in Frage gestellt, in sich schlüssige Weltbilder zerstört hatte, und zwar ein für alle Mal.

Um diese Dimension am «Tetschener Altar» (Abb. 13) einzuholen, ist es ausgesprochen hilfreich, eine strukturelle Analyse des Bildes zu unternehmen, also die Frage nach seinem Ordnungsgefüge zu stellen. Die Auf- und Ausstellung des «Tetschener Altars» Weihnachten 1808 in Friedrichs Atelier wurde verblüffend intensiv besucht, als hätten die Besucher geahnt, dass hier etwas Ungewöhnliches zu sehen war. Friedrich inszenierte den «Altar» sakral in einem Raum der Kunst auf einem schwarz verhängten Tisch wie auf einer «Altarmensa» mit Lichtern an der Seite. Der Künstler war dabei abwesend, offenbar wollte er die Reaktionen des Publikums nicht erfahren. Das Bild sollte für sich wirken, der Künstler trat zurück, weswegen es auch keine Signatur auf dem Bild gab.

Die genauere Entstehungsgeschichte, aber auch die Funktion des Gemäldes ist nicht leicht zu klären. Inzwischen dürfte Folgendes deutlich sein: In seiner grundsätzlichen Anlage geht das Bild zurück auf eine Bilderfindung Friedrichs, die sich in einer großen Sepie von 64 x 92 Zentimetern, mithin einem Querformat – im Gegensatz zum «Tetschener Altar» – erhalten hat. Sie zeigt bereits den abgewandten Kruzifixus auf einem hohen Felsen, umgeben von Fichten vor einem sich über dem Kreuz wölbenden Himmel. Schaut man genau hin, so zeigt sich am Kreuz ein leichter Leuchtkranz, was dafür spricht, dass wir einer Sonnenuntergangsszene beiwohnen. Allerdings sind auf der Sepie weder die Sonne noch ihre Strahlen sichtbar. Diese Bilderfindung nutzte Friedrich für den «Altar» in kondensierter, zugespitzter Form.

Ende Juli 1808 sahen Graf Franz Anton von Thun und Hohenstein und seine Verlobte Gräfin Theresia Maria Brühl das Bild in Friedrichs Atelier auf der Staffelei und versuchten, es über einen Mittelsmann zu kaufen. Es dürfte vom Grafen als Hochzeitsgeschenk für die Gräfin gedacht gewesen sein, die Hochzeit fand im September statt. Doch Friedrich lehnte ab mit der Begründung, das Gemälde sei für seinen König vorgesehen. Die Übermittlung des Bildes an den schwedischen König Gustav IV. Adolf erwies sich allerdings in dieser Zeit mehr und mehr als unmöglich. In seinem Kampf gegen Napoleon war Gustav Adolf nach der verlorenen Schlacht bei Lübeck Ende 1806 deutlich ins Hintertreffen geraten. 1807 durchzogen die Franzosen Vorpommern, das zu Schweden gehörte. Nachdem Russland sich auf die französische Seite geschlagen hatte und Dänemark und Norwegen Schweden den Krieg erklärt hatten, wurde Gustav Adolfs Position unhaltbar. 1809 revoltierten seine eigenen Truppen gegen ihn und setzten ihn ab.

So dürfte schon bei der Ausstellung des «Tetschener Altars» Weihnachten 1808 deutlich gewesen sein, dass die Widmung an den König nicht mehr möglich sein würde. Jedenfalls ist bereits im Januar 1809 von Schwierigkeiten beim Transport des Bildes nach Schloss Tetschen die Rede, wo die Thuns wohnten; die Modalitäten des Ankaufs müssen schon vorher geregelt worden sein. Die Frage der dortigen Aufstellung blieb unklar – die offenbar zumindest zeitweise als Aufstellungsort vorgesehene Hauskapelle war noch nicht fertiggestellt, außerdem existierte bereits ein Altarbild. Dann war die Rede von einem Transport nach Prag, zum zweiten Wohnsitz der Familie. Friedrich wollte den Aufstellungsort sehen, wurde hingehalten, schließlich landete das Bild, wie ein Foto des fortgeschrittenen 19. Jahrhunderts dokumentiert, auf Schloss Tetschen im Schlafzimmer der Gräfin Thun. Begleitet wurde es dort von einer großen graphischen Reproduktion von Raffaels in Dresden befindlicher «Sixtinischer Madonna». Offenbar besaß Friedrichs Bild in diesem Kontext die Funktion eines Andachtsbildes. Unklar ist auch, wann Friedrich den aufwändigen Rahmen um das Bild, den der Holzschnitzer Karl Wilhelm Kuhn ausführte, entworfen hat, ob schon bevor die Familie Thun sich für das Bild interessierte oder erst später. Schließlich wissen wir nicht, ob es einen bewussten, von Friedrich vollzogenen Funktionswandel gegeben hat.

Das Innenbild zeigt eine böhmische Landschaft mit einem Gipfelkreuz. Der Felsgipfel im Vordergrund liegt bereits im Schatten, denn die Sonne ist dabei unterzugehen. Breite letzte Strahlen wirft sie über den ganzen Himmel, doch sie selbst ist hinter dem schroffen Felsen verborgen. Der Himmel hat sich bereits gelb-orange verfärbt, durchzogen von Wolken, die nach oben hin immer dunkler werden. Das Kreuz auf dem Gipfel, um das sich Efeu rankt, ist von uns abgewandt, der untergehenden Sonne entgegen, ein Abglanz liegt auf dem ehernen Corpus des Gekreuzigten. Dies ist, wie die Kritik zu Recht bemerkt hat, ein Landschaftsbild, die Zeichen der verfassten Religion haben sich auf den Rahmen zurückgezogen. Dort erscheint auf der Predella in Halbrelief in der Mitte das Auge Gottes im Triangel, von Strahlen umgeben und gerahmt von den Zeichen der Eucharistie, Kornähren und Weinranken. Kannelierte Säulen mit Basis und Kapitell fassen das Bild an den Seiten ein und gehen in

Höhe des Kruzifixus in einander zugeneigte Palmwedel über, die einen leichten Spitzbogen bilden. In die Palmwedel sind in symmetrischer Anordnung fünf Cherubim gesetzt, über dem mittleren erscheint der Abendstern. Dieser Rahmen ist ein durchaus sonderbares Gebilde, das uns die Frage stellen lässt, wie denn das Verhältnis von Innenbild und Rahmen zu denken ist.

Bei der Beantwortung hilft uns die ästhetische Bildordnung. Denn hier sind in fast rigider Weise alle vier Linien des Goldenen Schnitts zur Anwendung gekommen (Abb. 2). Die wichtigste und ästhetisch wirksamste Linie dieses Maßsystems, die rechte Senkrechte, verläuft exakt auf dem senkrechten Balken des hohen Kreuzes, die untere Waagerechte dagegen betont den Fußpunkt des Kreuzes. Der biblische Spruch «petra enim erat Christus» (1. Kor. 10,4) – Christus als der Fels des Glaubens – kommt in den Sinn, das Kreuz fußt auf dem Fels des Glaubens. Schon hier kann man festhalten, dass das Kreuz das einzige Zeichen ist, das Friedrich als christliches Zeichen beständig zitiert. Dahinter stehen die Gedanken der lutherischen Kreuzestheologie – für Martin Luther sammelt sich der Kern des Glaubens um das Kreuzesgeschehen. Das mündet bei Friedrich in die oft wiederholte und auch hier bereits angeführte Überzeugung, dass sich nur über den Tod ein Weg zum ewigen Leben eröffnet.

Doch wie verhält es sich mit den beiden anderen Linien des Goldenen Schnitts? Sie dienen auf unterschiedlichem Wege der Verbindung von Innenbild und Rahmen, man könnte auch sagen von naturzyklischer und eschatologischer Vorstellung. Die linke Senkrechte geht nicht nur durch den Stamm der höchsten Fichte, sondern trifft da auf die Predella, wo sich die Strahlen der untergehenden Sonne treffen. Sie markieren damit über den Untergang der Sonne den Übergang von der irdischen in die reine Glaubenssphäre. Die obere Waagerechte dagegen scheint erst einmal eher unspezifisch durch das Corpus Christi zu gehen, doch markiert sie im Rahmen geradezu als Kämpferplatte der beiden Kapitelle den Beginn der sich in der Mitte vereinigenden Palmwedel. In gewisser Weise verkörpert der Rahmen den Schnitt durch ein Kirchengebäude. Friedrich dürfte an die Leipziger Nicolaikirche gedacht haben, deren ursprünglich spätgotischer Innenraum zwischen 1784 und 1797 vom Leipziger Stadtbaumeister Johann Carl Friedrich Dauthe klassizistisch umgestaltet wurde. Dieser war von vitruvianischen Gedanken der Entstehung von Architektur aus der Urhütte geprägt und ließ aus den neugestalteten kannelierten Säulen mit ihren Palmenkapitellen Palmwedel aufsteigen, die sich zu einem Kreuzgewölbe vereinigen. Natur und Kultur gehen hier eine Synthese ein, die Architektur wird als natürlich begriffen. Diese Vorstellung scheint Friedrich nicht fremd gewesen zu sein.

Misst man Friedrichs Bildtafel nach, so entsprechen sich die größte Bildhöhe und die Bildbreite annähernd. Womöglich war die Bildtafel, bevor sie mit dem Rahmen altarbildartig eingefasst wurde, ein Quadrat – ein höchst ungewöhnliches Bildformat, das auf absolute Maßverhältnisse verweisen dürfte und Konsequenzen für die Darstellung des Innenbildes hat. Während der Aufstieg von der linken unteren Bildecke zum Fuß des Kreuzes ziemlich genau einen Winkel von 40° bildet, geschieht der Abstieg von da zur rechten Bildecke in einem Winkel von exakt 45°. Bei einer quadratischen Bildtafel würde der 45°-Winkel eine Bilddiagonale direkt durch den Fuß des Kreuzes zur linken oberen Ecke der Tafel führen, so dass der Kreuzesfuß doppelt verankert wäre, jeweils auf abstrakte Weise: durch die Linie des Goldenen Schnitts und durch die Diagonale. Später werden wir sehen, dass Friedrich im Sinne der romantischen Mathematik abstrakte Verhältnisse als Verweis auf Gott und eine ursprüngliche Ordnung begreift. Gott konnte schon früh als Geometer gedacht werden, entsprechend dargestellt wurde er in der «Bible moralisée» um 1230.

Eine tradierte Landschaftsauffassung konnte ein solch komplexes Gebilde wie Friedrichs «Altar» nicht akzeptieren. Das Bild widersprach in jedem und allem der klassischen Landschaftsauffassung, aber auch herkömmlicher religiöser Malerei. Bereits im Januar 1809 erschien die vernichtende Kritik von Friedrichs «Altar» aus der Feder des Kammerherrn Basilius von Ramdohr in der «Zeitung für die elegante Welt». Ramdohr sammelte alle nur denkbaren, aus der Sicht klassisch-akademischer Lehre logischen Argumente gegen Friedrichs Auffassung.

Der Berg im Gegenlicht erschien ihm wie eine bloße ausgeschnittene Silhouette, womit das Bild keine Einführung und keine räumliche Entfaltung habe. Man könne ihm gegenüber irritierenderweise keinen Stand gewinnen. Ob eine Morgen- oder Abendszene gemeint sei, bleibe gänzlich offen, Zentral- und Luftperspektive würden nicht zur Anwendung gebracht, die Lichtführung sei willkürlich. Schließlich, ein entscheidender Kritikpunkt, würde die Allegorisierung einer bloßen Landschaft die Gattungsgrenzen sprengen, eine von außen herangetragene Sinngebung bringe die Landschaft in Kontexte, in denen sie nichts zu suchen habe. Die Kritik gipfelte in der berühmten Feststellung, dass bei Friedrich die Landschaft sich anmaße, auf die Altäre zu kriechen.

Friedrichs Freunde haben in Antwortartikeln versucht, die neue Auffassung von Landschaft zu rechtfertigen, und Ramdohr bewusstes Missverstehen vorgeworfen. Auch Friedrich selbst hat geantwortet, und nur von ihm sei eine rein beschreibende Passage zitiert: «Es starb mit Jesu Lehre eine alte Welt, die Zeit, wo Gott der Vater unmittelbar wandelte auf Erden ... Diese Sonne sank, und die Erde vermochte nicht mehr zu fassen das scheidende Licht. Da leuchtet, vom reinsten und edelsten Metall, der Heiland am Kreuz im Golde des Abendroths, und widerstrahlt so im gemilderten Glanz auf Erden. Auf einem Felsen steht aufgerichtet das Kreuz, unerschütterlich fest wie unser Glaube an Jesum Christum. Immer grün, durch alle Zeiten während, stehen die Tannen ums Kreuz, gleich unserer Hoffnung auf ihn, den Gekreuzigten» (Hinz 1984, S. 137). Der biblische Rhythmus von Friedrichs Sprache ist nicht zu überhören. Friedrich versucht zu verdeutlichen, dass eine bloße erzählende biblische Geschichte nicht mehr Thema eines Altarbildes sein kann. Gott hat die Welt verlassen, ist zum deus absconditus, zum verborgenen Gott geworden, ganz in Luthers Sinn. Das Göttliche ist nicht mehr direkt darstellbar, sondern nur zu evozieren – und evoziert wird es bei Friedrich auf ästhetischem Wege, als der einzig denkbaren Weise, vom Göttlichen im Bild eine Ahnung zu bekommen. Um dieser Erfahrung teilhaftig zu werden, bedarf es der Vertiefung in das Gezeigte.

Der «Mönch am Meer» (Abb. 14) ist ein Palimpsest. Wenn der «Tetschener Altar» logisch aus der Sepie mit dem Kreuz im Gebirge entwickelt wurde – schließlich lag schon dort der Kreuzesstamm auf der rechten Senkrechten des Goldenen Schnitts –, so ist der «Mönch am Meer», trotz der Nutzung des Strandstücks aus der Zeichnung von 1801, in einem mühsamen und immer neu ansetzenden Prozess auf der Leinwand entstanden. Wir besitzen erstaunlich zahlreiche Berichte aus unterschiedlichen Stadien der Entstehungszeit, die zudem aus anspruchsvollen Federn stammen – von Christian August Semler, Helene von Kügelgen, Johanna Schopenhauer, Karl Friedrich Frommann, Johann Wolfgang von Goethe. Danach können wir eine gleich vierfache Übermalung annehmen, die nicht nur den Ausdruckscharakter des Bildes, jeweils gesteuert durch einen anders instrumentierten Himmel, veränderte, sondern vor allem das Bild in seinem Bestand immer mehr reduzierte. Waren ursprünglich links und rechts auf dem Meer Segelboote zu sehen – im Streiflicht kann man sie immer noch erahnen –, ferner in der Mitte zum Trocknen aufgehängte Netzreusen, so blieben zum Schluss eigentlich nur vier «Gegenstände» übrig: der Mönch, der Strand, das Meer und der Himmel, wenn man von den kaum auffallenden Möwen absieht.

Schaut man sich die Figur des ebenfalls winzigen Mönches genauer an, so stellt man überrascht fest, dass seine Figuration in sich widersprüchlich ist. Im verlorenen Profil, die Rechte sinnend ans Kinn gelegt, schaut er aufs Meer. Doch unter seiner langen Kutte, die er seitlich hinter sich hergezogen hat, schauen seine Füße in unsere Richtung hervor, jede einzelne Zehe ist zu erkennen. Das scheint eine extreme Drehung des Körpers vorauszusetzen, die bei dem gleichzeitigen nachdenklichen Ausdruck des Mönches schlicht keinen Sinn macht. Ganz offensichtlich ist auch der Mönch teilweise übermalt worden, wie das unterschiedlich starke Craquelé auf Ober- und Unterkörper deutlich macht. Zudem kann man noch heute mit bloßem Auge erkennen, dass der Mönch, wenn er denn überhaupt einer ist oder sein soll, einst einen breitkrempigen Hut trug.

Aus all dem erhellt, dass die Figur des Mönches ursprünglich in einer nur leichten Drehung uns mit dem Körper im Dreiviertelprofil zugewandt war, während der Kopf zur Seite nach rechts gewendet war. Damit wäre die rechte Hand am Kinn gewesen, was, um Nachdenklichkeit zu markieren, mehr Sinn macht als eine seitlich an den Kopf gelehnte Hand. Friedrich war kein großer Figurenzeichner, darin ähnelt er dem größten Landschaftsmaler überhaupt, Claude Lorrain. Insofern scheint es kein Wunder, dass sich für die ursprüngliche Pose des Mönches ein direktes Vorbild ausmachen lässt. Moritz Retzsch, Friedrichs Kollege an der Dresdener Akademie, hat, gleich nachdem die erste Fassung von Goethes «Faust» 1808 publiziert wurde, mit seinen druckgraphischen Illustrationen begonnen, von denen er Goethe bereits 1810 in Dresden 26 Entwürfe vorführen konnte. Bei diesem Besuch in Dresden für zehn Tage Mitte September war Goethe, wir erinnern uns, auch in Friedrichs Atelier. Retzschs Goethe-Illustrationen und Friedrichs «Mönch» sind gleichzeitig zwischen 1808 und 1810 entstanden.

Retzschs Tafel 2 zeigt den Osterspaziergang (Abb. 20). Faust und sein Adlatus Wagner haben die Stadt verlassen, es dämmert bereits. Wagner redet auf freiem Feld auf Faust ein, doch dieser ist abgewendet und in Gedanken versunken, hat seine Hand ans Kinn gelegt und schaut nach rechts aus dem Bild, während bereits der Pudel, einen hellen Schweif hinter sich herziehend, sich nähert. Als Faust ihn bemerkt, ist er auf Grund des Lichtphänomens irritiert, doch als der Hund freundlich an ihm hochspringt, ist er beruhigt und nimmt den Hund in seine Studierstube mit. Dort entpuppt sich nach magischen Verwandlungen Mephisto als des Pudels Kern und verleitet Faust zum Allmacht versprechenden Pakt. Der von Retzsch dargestellte Moment auf dem Felde ist von Goethe wie folgt beschrieben: «Schon tut das Meer sich mit erwärmten Buchten / Vor den erstaunten Augen auf. / Doch scheint die Göttin [gemeint: die Sonne] endlich wegzusinken; / Allein der neue Trieb erwacht, / Ich eile fort ihr ew'ges Licht zu trinken, / Vor mir der Tag, und hinter mir die Nacht, / Den Himmel über mir und unter mir die Wellen. / Ein schöner Traum, indessen sie [erneut die Sonne] entweicht. / Ach! Zu des Geistes Flügeln wird so leicht / Kein körperlicher Flügel sich ge-

20 Moritz Retzsch, Umrisse zu Goethe's Faust, Taf. 2, Ausgabe von 1830, Privatbesitz

sellen» (Goethe 1994, S. 56 f., V. 1082–1091). Das komplette Repertoire von Friedrichs Bild ist hier genannt: ein im Übergang vom Tag zur Nacht nachsinnender Mensch, der aufs Meer schaut, den Himmel über sich und das Meer unter sich spürt und den eine Sehnsucht nach Selbstüberhebung anwandelt. Während jedoch Faust durch den teuflischen Pakt diesem Bedürfnis nachgibt, ergreift, wie wir sehen werden, den Mönch ein Gefühl von Ohnmacht angesichts der übermächtigen Elemente, kein Flug über das Meer scheint denkbar. So ist Friedrichs demütiger Mönch eine Art Anti-Faust, eine Antwort auf Goethe.

Indem Friedrich den Mönch im weiteren Prozess der Bildvollendung weiter in Richtung Meer dreht, «erfindet» er die Rückenfigur, die er in Zukunft vielfältig variieren wird. Sie hat eine doppelte Funktion, einerseits ist sie uns entzogen, sie ist für sich, andererseits zieht sie uns an, was so weit gehen kann, dass

21 Caspar David Friedrich, Blick auf Arkona mit aufgehendem Mond, um 1806, Pinsel in Braun über Bleistift, Wien, Albertina, Graphische Sammlung

22 Caspar David Friedrich, Der Sommer, 1807, Öl auf Leinwand, München, Bayerische Staatsgemäldesammlungen, Neue Pinakothek

23 Caspar David Friedrich, Abtei im Eichwald, 1809, Öl auf Leinwand, Staatliche Museen zu Berlin, Alte Nationalgalerie

24 Caspar David Friedrich, Frau am Meer, um 1818, Öl auf Leinwand, Winterthur, Stiftung Oskar Reinhart

25 Caspar David Friedrich, Morgennebel im Gebirge, 1808,
Öl auf Leinwand, Rudolstadt, Staatliche Museen Schloss Heidecksburg

wir uns an ihre Stelle wünschen, ihren Blick auf die Elemente einnehmen wollen; sie kann zu unserem Stellvertreter werden. Erst spät ist ein Text Friedrichs zu seinem Bild wiederentdeckt worden, der an seiner Einschätzung des Mönches keinen Zweifel zulässt: «Es ist nemlich ein Seestück, Vorne ein öder sandiger Strand, dann, das bewegte Meer, und so die Luft. Am Strandte geht Tiefsinnig ein Mann, im schwarzen Gewande; Möfen fliegen ängstlich schreient um ihn her, als wollten sie Ihm warnen, sich nicht auf ungestümmen Meer zu wagen. – Dies war die Beschreibung, nun kommen die Gedanken: – Und sännest du auch vom Morgen bis zum Abend, vom Abend bis zur sinkenden Mitternacht; dennoch würdest du nicht ersinnen, nicht ergründen, das unerforschliche Jenseits! Mit übermüthigem Dünkel, wennest du der Nachwelt ein Licht zu werden, zu enträzlen der Zukunft Dunkelheit! Was heilige Ahndung nur ist, nur im Glauben gesehen und erkannt; endlich klar zu wissen und zu Verstehn! – Tief zwar sind deine Fußstapfen am öden sandigen Strandte: doch ein leiser Wind weht darüber hin, und deine Spuhr wird nicht mehr gesehen: Thörigten Mensch voll eitlem Dünkel! – –» (Kat. Frankfurt (Oder) 2004, S. 15). Der auch sprachlich schöne Text, der wieder in biblischem Rhythmus gehalten ist, scheint insgesamt eine Antwort auf Goethes Faust und dessen Selbstüberhebung zu sein, auf seinen übermächtigen Wissensdrang, der ihn seine Seele verkaufen lässt. Friedrich fordert Demut ein, setzt dem Erkenntnisstreben mit Hilfe des Glaubens Grenzen.

Doch wie kommt die Vergeblichkeit menschlichen Strebens im Bild selbst zum Ausdruck? Heinrich von Kleist, der als Herausgeber der «Berliner Abendblätter» den von Brentano und Arnim eingereichten Artikel zu Friedrichs «Mönch» zu deren Entsetzen radikal überarbeitet hat, prägte in diesem Beitrag vom 13. Oktober 1810 die viel zitierte Metapher von einer Erfahrung, als seien einem die Augenlider weggeschnitten. Friedrich hatte auf Veranlassung von Schleiermacher, der im preußischen Innenministerium für die Betreuung der Ausstellungen der Berliner Akademie der Künste zuständig war, seinen «Mönch» und dessen Pendant die «Abtei im Eichwald» nach

Berlin in die Akademieausstellung geschickt, wo das genannte Rezensententrio sie in Augenschein nehmen konnte. Wie sehr Friedrich um die endgültige Lösung des «Mönch am Meer» gekämpft hat, wird auch dadurch deutlich, dass die «Abtei», obwohl erst 1809 begonnen, vor dem «Mönch» abgeschlossen war. Da Friedrich mit der Überarbeitung nicht rechtzeitig fertig wurde, sandte er die beiden Bilder verspätet nach Berlin, wo sie wohl übereinander aufgehängt wurden.

Die Rede von den weggeschnittenen Augenlidern reagiert ganz offensichtlich auf das höchst ungewöhnliche Motiv der fehlenden seitlichen Rahmung des «Mönch». Das Gemälde bildet so keinen in sich geschlossenen Kosmos, sondern forciert dessen Entgrenzung. Kleist, der Pathetiker, der Friedrichs Bild von Edward Youngs «Nachtgedanken» inspiriert sah, dachte das Phänomen allerdings im Sinne der Ästhetik des Erhabenen. Das verfehlt die Ausdrucksdimension des Bildes augenscheinlich. Nicht die das Erhabene definierende Selbstüberhebung ist Thema, sondern ganz im Gegenteil die Selbstbescheidung. Den in ihm angelegten Dimensionen des Bildes kommt Brentano deutlich näher, der die gewisse Diskrepanz von Form und Inhalt erkennt. In der Überarbeitung von Kleist heißt es in seinem Text: «Herrlich ist es, in einer unendlichen Einsamkeit am Meeresufer, unter trübem Himmel, auf eine unbegränzte Wasserwüste, hinauszuschauen. Dazu gehört gleichwohl, daß man dahin gegangen sei, daß man zurück muß, daß man hinüber mögte, daß man es nicht kann … Dazu gehört ein Anspruch, den das Herz macht, und ein Abbruch, um mich so auszudrücken, den Einem die Natur thut. Dies aber ist vor dem Bilde unmöglich, und das, was ich in dem Bilde selbst finden sollte, fand ich erst zwischen mir und dem Bilde, nehmlich einen Anspruch, den mein Herz an das Bild machte, und einen Abbruch, den mir das Bild that; und so ward ich selbst der Kapuziner, das Bild ward die Düne, das aber, wo hinaus ich mit Sehnsucht blicken sollte, die See, fehlte ganz» (Kat. Frankfurt (Oder) 2004, S. 40 f.). Das ist ein sensibler Text. Die Sehnsucht nach Überwindung der unendlichen Ferne wird enttäuscht für Mönch und Betrachter bzw. für den Betrachter als Mönch. Wenn Kleist mit dem

Verweis auf die fehlende seitliche Rahmung auf räumliche Entgrenzung abhebt, so benennt Brentano mit dem Bild von der fehlenden See, die den Blick bzw. die Sehnsucht nicht zur Erfüllung kommen lässt, die gestörte räumliche Entfaltung von vorne nach hinten. In der Tat: Friedrichs dunkles Meer hat keine Tiefe, keine Erstreckung, es wirkt wie eine Barriere und stört unsere Raumerfahrung grundsätzlich. Die von Kleist herausgeforderte Selbstüberhebung erscheint dagegen als Hybris.

Die Phänomene der seitlichen Entgrenzung und der gestörten räumlichen Tiefe sind das eine, das Friedrichs Gemälde auszeichnet, das andere ist die bei diesem – und nur bei diesem – Gemälde fehlende Bildordnungsvorgabe. Denn hier greift keine Mittelachsenbetonung, kein Maßverhältnis nach dem Goldenen Schnitt. Dies verursacht ein Irritationsmoment, die ästhetische Befriedigung bleibt aus, und das Bild entzieht sich der Greifbarkeit und Zugänglichkeit. Für Friedrich konnte dies nur Sinn machen, wenn es zu einer dialektischen Aufhebung der Mangelerfahrung durch das Pendant der «Abtei im Eichwald» (Abb. 23) kam. In der Tat ist die «Abtei» durch Mittelachsbetonung, geradezu durch Symmetrie geprägt, ebenso durch den Einsatz des Goldenen Schnitts und, erstmalig im Œuvre Friedrichs, durch eine das ganze Bild durchziehende geometrische Figur, die sich in ihrer Funktion romantischer Auffassung von Mathematik verdankt. Die Mittelachsbetonung ist unmittelbar wahrnehmbar: Die senkrechte Mittelachse verläuft genau durch den Scheitel des zentralen Lanzettfensters der steilen Kirchenwand, die auch heute noch die Ruine Eldena vor den Toren Greifswalds an der Mündung der Wyck ziert. Die senkrechten Linien des Goldenen Schnitts verlaufen durch die Stämme der beiden hohen Eichen links und rechts von der Ruine, die untere Waagerechte markiert links und rechts am Bildrand den Beginn der lichten Himmelszone, der gegenüber der untere Himmelsteil und die Erdzone in dunklem Schatten liegen.

Die Lichtlinie dagegen verläuft in einem leichten, hyperbelartigen Bogen. Ganz schwach erscheint die Mondsichel am Himmel, während wir uns die gerade untergegangene Sonne im Rücken denken müssen, die oberen Teile der Kirchenwand und

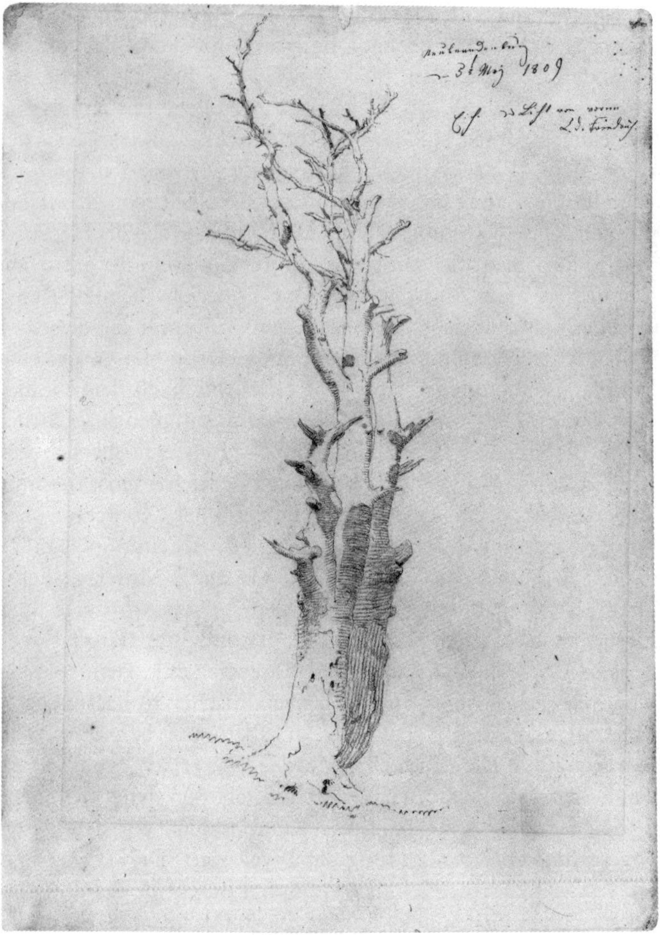

26 Caspar David Friedrich, Studie einer Eiche, 5. Mai 1809, Bleistift, Nürnberg, Germanisches Nationalmuseum, Graphische Sammlung

die Kronen der kahlen Eichen empfangen noch ihr Licht. Es ist bezeichnend, wie Friedrich auf dieses Phänomen aufmerksam geworden ist. Offenbar ausdrücklich in Hinsicht auf den

Entwurf des «Abtei»-Bildes hat er 1809 in Neubrandenburg, wo sich noch heute in einer Art Urwald steinalte Eichen finden, diese Bäume systematisch zeichnerisch aufgenommen. Eine dieser Zeichnungen führt das beschriebene Phänomen vor Augen: Eine kahle Eiche ist im unteren Teil mit Schattenlinien versehen, während der obere Teil angeleuchtet erscheint (Abb. 26). Das Blatt ist von Friedrich ungewöhnlich ausführlich beschriftet worden: «Neubrandenburg den 5. Mai 1809 Eiche das Licht von vorne C. D. Friedrich». Offenbar hatte es ihm das wahrgenommene Phänomen angetan. Diese ruinöse Eiche hat, so kann man sagen, die Bilderfindung der «Abtei» ausgelöst. Man sieht geradezu den Schatten die Bäume hinaufkriechen und das winterliche Bild in Dunkel hüllen.

So trostlos die «Abtei» auch erscheint, durch deren Tor ein mönchischer Trauerzug mit einem geschulterten Sarg zieht, vorbei an kreuz und quer auf dem Erdreich verstreuten Grabeskreuzen, so hat Friedrich doch winzige Hoffnungszeichen angebracht. Am hohen Kreuz vor dem Tor sind links und rechts zwei kleine Lichter aufgesteckt, und oben im Lanzettfenster vor dem noch hellen Himmel sitzt ein kleiner Vogel. Und schließlich: Über der geschwungenen hyperbolischen Schattenlinie ist der Himmel auf der rechten Seite kaum merklich aufgehellt. Friedrichs Grundüberzeugung, dass nur im Durchgang durch den Tod Hoffnung auf ein ewiges Leben aufkeimen kann, scheint durch die drei kaum wahrnehmbaren Verweise ausgedrückt. Das, was im «Mönch» hoffnungslos erscheint, bekommt in der «Abtei» einen Hoffnungsschimmer. Sollte Schleiermacher bei seinem Besuch in Friedrichs Atelier Anteil an der letzten Überarbeitung des «Mönch» genommen haben, so erscheint auch denkbar, dass er Friedrich zum hyperbolischen Schema beim Bild der «Abtei» geraten hat. Denn wie wir gleich sehen werden, war Schleiermacher wie kaum ein anderer mit den Prinzipien der romantischen Mathematik und in Sonderheit mit der Rolle der Hyperbel vertraut.

6. Schleiermacher und Friedrichs Religiosität

Über Friedrichs Glaubensüberzeugung ist viel geschrieben und spekuliert worden, es soll hier nicht im Detail wiederholt werden. Schon in seiner Dissertation zu Friedrichs Frömmigkeit von 1981 hat Pfarrer Karl Ludwig Hoch nüchtern festgestellt – und wie mir scheint, gänzlich zu Recht –, dass Friedrich zeit seines Lebens einer lutherischen Grundüberzeugung anhing, mit Einsprengseln von Pietismus und Herrnhutertum. Berührungen mit dem Pantheismus hat es gegeben, wovon auch Friedrichs Gedichte gelegentlich Zeugnis ablegen. Friedrich hat die Predigten des Greifswalder Generalsuperintendenten Professor Gottlieb Schlegel in Sankt Nicolai gehört, die einen deutlichen pietistischen Einschlag aufwiesen. Auf Rügen ist er mit Ludwig Theobul Kosegartens Pantheismus in Berührung gekommen, aber auch mit der Auffassung einer ganzen Reihe anderer Rügener Pfarrer, deren Pfarreien Gäste der Insel aufnahmen. Schon früh dürfte Friedrich auch in Herrnhut selbst gewesen sein, womöglich bereits auf seinen Wanderungen 1803, spätestens aber auf den Wanderungen nach Nordböhmen 1807 und 1808.

Nimmt man den Einfluss von Vorstellungen der romantischen Naturmystik hinzu, so ergibt sich ein Amalgam einer auf Empfindung gegründeten Frömmigkeit, die aber zweierlei als Grundüberzeugung nie aufgab: zum einen eine christozentrische Fixierung, die ein gänzliches mystisches Sich-Verströmen unmöglich macht. Deswegen hat man für Friedrich den von dem Schellingianer Karl Christian Krause geprägten Begriff des Panentheismus stark machen wollen, der die Verehrung der allmächtigen Natur propagiert, aber unter dem Signum des einen Gott. Zum anderen kann es keinen Zweifel daran geben, dass die lutherische Kreuzestheologie für Friedrich absolut zentral war. Seine Kunst kreist um den Tod und die gelegentlich verzweifelte Hoffnung auf Erlösung, die auf Erden nicht zu haben ist. Hierfür hat man mit guten Gründen Friedrichs nähere Bekanntschaft mit dem Theologen Friedrich August Koethe in Anschlag gebracht. Friedrichs mehrfach wiederholte Darstellung des «Kreuz an der Ostsee», eine Darstellungsform, die sich ganz auf das am Ufer stehende Kreuz konzentriert, könnte auf den direkten Einfluss Koethes zurückzuführen sein.

Dieser Bildtypus hat Friedrich zu dem Ausspruch veranlasst: «Am nackten steinigten Meeresstrande steht hoch aufgerichtet das Kreutz, denen so es sehn ein Trost, denen so es nicht sehn ein Kreutz» (Grave 2012, S. 107). Man hat lange übersehen, dass es sich bei der wieder in biblischer Sprache formulierten Bemerkung um eine Variante auf Vers 1,18 aus dem 1. Paulusbrief an die Korinther handelt: «Denn das Wort vom Kreuz ist eine Torheit denen, die verloren werden; uns aber, die wir selig werden, ist's eine Gotteskraft.» Das Kreuz ist Friedrichs Bekenntniszeichen, der Grundpfeiler seines um den Tod kreisenden Glaubens. Doch diese Überzeugung hätte ihn auch zu einer orthodoxen, religiös eindeutigen, das heißt aber auch eindimensionalen Kunst führen können. Seine gelegentlichen – bezeichnenderweise streng achsensymmetrischen – im Wortsinn vordergründig auf Kreuz oder Kirchengebäude konzentrierten Bilder, die zumeist zwischen 1812 und 1818 entstanden sind, gehen in diese Richtung. In ihrer Orthodoxie wirken sie seltsam leblos.

Wann auch immer Caspar David Friedrich den Theologen und Philosophen Friedrich Schleiermacher persönlich kennengelernt hat, ob schon 1798 in Berlin, zur Zeit von Schleiermachers Arbeit an seinen Reden «Über die Religion», oder erst im Verlauf von dessen genau belegtem Besuch in Dresden 1810 – der Einfluss dieses Schleiermacher'schen Frühwerks ist kaum zu überschätzen. Dabei spielt nicht etwa die Kreuzestheologie eine zentrale Rolle, die für den reformierten Schleiermacher nicht von der gleichen Wichtigkeit war wie für Friedrich, sondern eine andere Grundüberzeugung, die für beide galt und die mit dem Begriff «Demut» zu fassen ist: Dem Gläubigen ist nur ein demütiges Warten auf Gottes Gnadenerweis möglich. Nur wenn man dies in Rechnung stellt, ist Friedrichs besondere Form der Naturdarstellung und -rezeption angemessen zu verstehen.

Nach Schleiermachers Vorstellung ebnen Anschauung und Gefühl den Weg zur Religion. Anschauung ist für ihn allerdings nicht bloßes Sehen und klassifizierendes Erkennen, vielmehr «ein staunendes Anschauen des Unendlichen» (Schleiermacher 1993, S. 19). Anschauen ist nicht ein aktives Ergreifen des Gesehenen, sondern im Gegenteil ein passives Sich-ergreifen-Lassen. Der Sehende verharrt in Anschauung und erwartet die Wirkung der Dinge auf ihn, und eben das erfüllt ihn mit religiösem Gefühl: «... die religiösen Gefühle lähmen ihrer Natur nach die Tatkraft des Menschen und laden ihn zum stillen, hingegebenen Genuß ...» (ebenda, S. 47). Eben diese Erfahrung führt uns die Friedrich'sche Rückenfigur vor. Es geht Schleiermacher in Fragen der Religion nicht um Metaphysik und Moral, wobei Erstere auf Denken, Letztere auf Wollen gegründet ist. Er konstatiert vielmehr einen «schneidenden Gegensatz ... in welchem sich die Religion gegen Moral und Metaphysik befindet» (ebenda, S. 35). Und sein Schluss daraus lautet: Das Wesen der Religion «ist weder Denken noch Handeln, sondern Anschauung und Gefühl» (ebenda, S. 35). «... was aber darüber hinauswill und tiefer hineindringen in die Natur und Substanz des Ganzen, ist nicht mehr Religion und wird, wenn es doch dafür angesehen werden will, unvermeidlich zurücksinken in leere Mythologie» (ebenda, S. 39). Man muss annehmen, dass Schleiermacher mit der «leeren Mythologie» in verklausulierter Form die verfasste Religion mit ihren verbindlichen Glaubenssätzen meint. Und um nur noch einen Gedanken Schleiermachers zu zitieren: Der menschliche Verstand, so schreibt er, wolle «zerstückeln und anatomieren», doch dadurch werde die Ganzheit zerstört, das, was «ein Ganzes ist in sich selbst» (ebenda, S. 100).

Dieser Gedanke mag erklären, warum Friedrich einerseits eine absolute Verpflichtung allen Dingen der göttlichen Schöpfung gegenüber empfindet und die Dinge, die ihm vor Augen sind, in seinen Zeichnungen in allem Detail, auch in ihrer besonderen Erscheinungsweise, wiedergibt, sie dann aber, wenn sie ins Bild übernommen werden, in eine abstrakte, göttlichen Prinzipien folgende Ordnung einfügt, die die studierten Naturpartikel in einer absoluten Form zusammenbindet. Auf diese

Weise will er wieder aus den partiellen Erfahrungen eine Ganzheit entstehen lassen, die sich göttlichen, nicht menschlichen Gesetzen verdankt. Dies kann auch verständlich machen, warum Friedrich die Produktion von Kunst als Gottesdienst begreift. Die Vorstellung leitet sich von Schleiermachers Überzeugung her, dass jeder auf seinem Feld ein Mittler zum Glauben sein kann. Die verfasste Kirche, der rituelle Gottesdienst in einer Kirche ist nicht nötig, jeder kann jedem ein Priester sein, wenn er sich berufen fühlt. Der Künstler, der von der Anschauung und ihrer Überführung in Gefühl lebt, kann dies im Besonderen leisten. Kein Wunder auch, dass beide, Schleiermacher wie Friedrich, den Gedanken verfolgten, dass auf den Ruinen der alten Kirche eine neue errichtet werden könne, eine Kirche, die nicht an ein Gebäude, geweihte Priester und eine Dogmatik gebunden ist. Macht man sich jetzt noch klar, dass Schleiermacher zu den Begründern der romantischen Mathematik gehörte und geometrische Figuren propagierte, die einer Fülle von Bildern Friedrichs zugrunde liegen, dann wird man Schleiermachers Wichtigkeit für Friedrich und seine Kunst kaum leugnen können.

7. Friedrich und die romantische Mathematik

Um die gedanklichen Zusammenhänge und die Genese der romantischen Mathematik verstehen zu können, gilt es, etwas weiter auszuholen. Die romantische Mathematik fußt zentral auf Leibniz' Ergebnissen der Infinitesimalrechnung, die er in den 1670er Jahren entwickelt hat. «Infinitesimal» heißt erst einmal nur unendlich klein. Eine unendlich kleine Einheit auf einer Geraden oder Kurve bildet der Punkt. Die Gerade oder Kurve besteht demnach aus einer Aneinanderreihung von Punkten. Das Entscheidende der Infinitesimalrechnung allerdings ist ihre Fähigkeit, die Bewegung von Körpern bzw., um es vereinfacht auszudrücken, das Fortschreiten auf einer Geraden oder Kurve im Raum berechnen zu können. Leibniz' zentrales Demonstrationsobjekt ist dabei der Kegelschnitt, denn mit Hilfe seines Rechenverfahrens ist er in der Lage, verschiedene Schnitte durch den Kegel in der Art, wie sie auseinander hervorgehen, zu berechnen.

Stellen wir uns einen hohlen Kegel vor, der nur durch einen Mantel gebildet wird. Der Neigungswinkel des Kegels zur Spitze hin sei mit «β» benannt, er bleibt selbstverständlich bei allen Schnitten durch den Kegel gleich. Schneiden wir den Kegel mit einer ebenen Fläche, einer Scheibe, so, dass die Schnittfläche parallel zur Standfläche des Kegels geführt wird – man könnte auch schlicht sagen: schneiden wir den Kegel gerade durch –, dann ergibt sich als Schnittergebnis ein vollkommener Kreis. Nennen wir ferner die Winkel, die die Schnitte durch den Kegel zur Grundfläche einnehmen, «α», so ist α bei einem geraden Schnitt durch den Kegel gleich null. Ist nun α, also der Schnittwinkel, kleiner als β, also der feststehende Winkel des Kegelmantels, dann ergibt sich als Schnittergebnis eine Ellipse. Ist $\alpha = \beta$, dann haben wir eine Parabel. Ist α jedoch größer als β, so ergibt sich als Schnittergebnis eine Hyperbel. Durch schrittweise Verschiebung der ebenen Schnittfläche geht also die eine geometrische Figur aus der anderen hervor. Bei einem Doppelkegel, bei dem die Spitzen der Kegel lotrecht aufeinander stehen, ergibt sich im Falle von α größer als β in beiden Kegeln durch die eine Schnittfläche je eine Hyperbel. Der Witz der Berechnung von Leibniz besteht darin, dass er das Hervorgehen der drei Formen Ellipse, Parabel und Hyperbel aus der Kreisform als einen dynamischen Prozess begreift, indem er die Bewegung der Schnittfläche als infinitesimal annimmt, also bestehend aus unendlich kleinen Schritten.

Ich habe versucht, diese Zusammenhänge bewusst simpel und ohne Verwendung mathematischer Formeln auszudrücken, weil sie, wie wir gleich sehen werden, ebenso von den Romantikern rezipiert wurden – und zwar in erstaunlicher Breite. Der wandernde Punkt auf der Kurve erfährt bei ihnen seine besondere Ausdeutung. Doch bevor wir dazu übergehen, müssen noch einige wenige Begriffe, die in der mathematischen Tradition vor allem von Leibniz geprägt wurden, erhellt werden, da auch sie für die Romantiker eine wichtige Rolle gespielt haben, vor allem die Begriffe «Funktion» und «Reihe». Wenn Novalis schreibt: «Alles aus Nichts erschaffene Reale, wie z. B. die Zahlen ... hat eine wunderbare Verwandtschaft mit Dingen einer anderen Welt» (Novalis 1960, Bd. 3, S. 440), dann will er darauf abheben, dass Zahlen gedankliche Setzungen sind, in sich logische Konstruktionen, die nicht aus Erfahrung abstrahiert sind. So hat es Käte Hamburger in dem wohl wichtigsten Aufsatz zum Verhältnis von Romantik und Mathematik am Beispiel von Novalis demonstriert. Sie schreibt: «Das ideale Sein der mathematischen Begriffe rechtfertigt sich durch ihre Funktion und geht in dieser allein auf» (Hamburger 1966, S. 20). Dabei meint «Funktion» nichts anderes als Gesetzmäßigkeit oder auch das mathematische Prinzip. Da die Setzungen abstrakter Natur sind und eben nicht aus der Wirklichkeit und ihrer Erfahrung zu deduzieren sind, können sie von uns nach Novalis als Basis, pathetisch gesagt: als geheime Grundlage, nur empfunden oder erspürt werden.

Das erklärt auch den romantischen Begriff der Reflexion, denn die erfahrene Differenz zwischen dem Gegenstand und seiner idealen Form, seiner Urform, ist nur in einer unabschließbaren Reflexion zu denken, in einer subjektiv verbleibenden Syntheseleistung der Relation von Gegenstand und seiner Idealform. Die Relation aber treibt den Begriff der Funktion hervor, dem eine dynamische Dimension eignet. Schon Leibniz stellte fest, dass die unendlich kleinen Schritte von Punkt zu Punkt, die Übergänge, von uns nicht zu erkennen sind; nur Gott vermag sie zu unterscheiden. Beim Kegelschnitt können wir zwar berechnen, wie die eine Form aus der anderen hervorgeht, doch den Prozess nicht anschaulich nachvollziehen. Wir sehen nur das Resultat: Ellipse, Parabel oder Hyperbel, da alle drei, wie Käte Hamburger schreibt, «aus einem Gesetz der Konstruktion hervor- und durch Änderung des Parameters kontinuierlich ineinander übergehen» (Hamburger 1966, S. 49).

Das mathematisch Unendliche wird von den Romantikern in Analogie zum göttlich Unendlichen gedacht. Eine Fülle von mathematischen Fragmenten des Novalis spricht das aus: «Reine Mathematik ist Religion. – Zur Mathematik gelangt man nur durch eine Theophanie.» «Geometrie ist transzendentale Zeichenkunst.» «Es ist sehr wahrscheinlich, daß in der Natur auch eine wunderbare Zahlenmystik stattfinde. Auch in der Geschichte – Ist nicht alles voll Bedeutung, Symmetrie, Anspielung und seltsamem Zusammenhang? Kann sich Gott nicht auch in der Mathematik offenbaren wie in jeder anderen Wissenschaft?» Für Novalis ist Mathematik «ein Hauptbeweis der Sympathie und Identität der Natur und des Gemüths» (Novalis 1960, Bd. 3, S. 296, 160, 337, 684). Erfährt man diese Sympathie, so führt sie zur Poesie, denn in dieser offenbart sich die Natur; über die Kunst können wir die der Natur zugrunde liegenden Gesetze erspüren, das schöpferische Genie ist dazu in der Lage. Kunst ermöglicht ein Begreifen oder besser ein Erahnen des höheren Sinns der Wirklichkeit der Natur.

Ein Satz noch zum Begriff der Reihe: Sie stellt das einfachste Beispiel für den Begriff der Funktion dar, da die Reihe auf dem bloßen Prinzip der Kontinuität beruht. So ist auch eine Reihe unabschließbar, wie wir gleich bei Caspar David Friedrich sehen werden.

Man kann behaupten, dass die romantische Kunst den Verweis auf das Göttliche primär mit Hilfe der Ausdeutung abstrakter mathematischer oder besser geometrischer Figuren bewerkstelligt. Und die wichtigste Figur für die Romantiker ist die Hyperbel, schon auf Grund ihrer noch einmal zu zitierenden Definition, nach der die Arme der Hyperbel sich ihren Asymptoten unendlich annähern, ohne sie je erreichen zu können. Zudem konnte uns der Doppelkegel lehren, dass auf die erste Hyperbel im ersten Kegel bei identischem Schnittwinkel eine zweite Hyperbel im zweiten Kegel antwortet. Ist in der Definition der Hyperbel die Rede von der unendlichen Annäherung bei gleichzeitiger Unmöglichkeit, das Ziel zu erreichen, dann war dies leicht auf den Wunsch zu übertragen, sich Gott anzunähern. Was blieb, war die fortdauernde Sehnsucht nach Vermählung mit dem Göttlichen. Und diese fortdauernde Sehnsucht war das Äquivalent zum dynamischen Prozess der Mathematik.

In aller Knappheit sei hier eine Reihe von romantischen Denkern angeführt, die alle, wie bewusst auch immer, auf den Grundgedanken der Infinitesimalrechnung fußten. Bei Schelling, in seiner Rede «Über das Verhältnis der bildenden Kunst zur Natur» von 1807, heißt es zu seiner Vorstellung von der Vollkommenheit eines jeden Dinges: «Darum trachtet die rohe Materie gleichsam blind nach regelmäßiger Gestalt und nimmt unwissend stereometrische Formen an, die doch wohl dem Reich der Begriffe angehören» (Schelling 1982, S. 62 f.). Dem im Ding regsamen Naturgeist soll nach Schelling der Künstler nacheifern, in seinen Naturdarstellungen soll er etwas von diesem Geist abstrakter Figuren zur Anschauung bringen. Salopp gesagt ist diese Feststellung geradezu eine Betriebsanleitung zum Verständnis der Kunst Caspar David Friedrichs. Der dänische Naturphilosoph Hans Christian Ørsted, der von Immanuel Kant ausging, jedoch ab 1803 engen Kontakt zu Schelling unterhielt und entscheidenden Einfluss auf den Künstler Christoffer Wilhelm Eckersberg genommen hat, mit dem wiederum Friedrich befreundet war, ist der Überzeugung, «dass die Naturgesetze Vernunftgesetze sind, ja dass die ganze Natur die Offenbarung der ewig lebenden Vernunft ist» (Ørsted 1850, § 17). Beleg dafür sind für ihn die geometrischen Figuren wie Parabel und Hyperbel.

Lorenz Oken schreibt in seinem «Lehrbuch des Systems der Naturwissenschaften» von 1809, offenbar in platonischer Tradition: «Wenn Gott real werden will, so muss er unter der Form der Sphäre erscheinen, eine andere Form für Gott gibt es nicht. Der seiende Gott ist eine unendliche Kugel» (Oken 1809, S. 31). Bei Gotthilf Heinrich von Schubert, der Friedrichs Jahreszeitenzyklus 1808 analysiert hat, heißt es in der «Symbolik des Traums» von 1814 zum wahren Dichter, der die Naturgeheimnisse erkennt, er habe «eine Art zu rechnen und zu kombinieren, die ich und du nicht verstehen; eine höhere Art von Algebra, noch kürzer und bequemer als die unsrige, die aber nur der versteckte Poet in unserem Inneren zu handhaben weiß» (Schubert 1814, S. 3). Die schöne und danach oft wiederholte Formulierung vom «versteckten Poeten» soll auf eine menschliche Anlage verweisen, die es in inspirierten Momenten ermöglicht, eine Ahnung vom Zusammenhang aller Dinge zu bekommen.

Sehr viel näher an Caspar David Friedrichs Vorstellungen, aber nur vor der Folie des bisher Angeführten zu denken, sind die Überlegungen von Friedrich Schleiermacher zum tieferen Sinn von Mathematik. Wenn Schleiermacher in seinen «Reden über die Religion» von einem «höhern Realismus» (Schleiermacher 1993, S. 37) spricht, der anzustreben sei, dann dient auch bei ihm die mathematische Grundlegung des Denkens dazu, die Strukturen dieses «höhern Realismus» zum Vorschein zu bringen. Nach dem Tod von Novalis 1801 gab Schleiermacher zusammen mit Friedrich Schlegel, mit dem er zeitweise in Berlin zusammenlebte, die mathematischen Fragmente von Novalis heraus. Im Gegensatz zu Schlegel war er mathematisch gebildet und hat seine Gedanken zur Bedeutung der Mathematik im Leben schon in den «Grundlinien einer Kritik der bisherigen Sittenlehre» von 1803 niedergelegt, um sie endgültig 1826/27 auszuformulieren. In der «Kritik der Sittenlehre» beschäftigte er sich mit dem Funktionsbegriff in Bezug auf geometrische Kurven und schloss diese mit der Sittenlehre kurz.

Schon die Titelvignette zur «Sittenlehre», die von Reimer entworfen wurde, zeigt ineinander geschachtelte Ellipsen, deren beide Brennpunkte näher und ferner voneinander liegen können. Fallen sie zusammen, so wird aus der Ellipse ein Kreis, der für das Absolute und in der Realität nicht Erreichbare steht. Das wichtigste Argument seiner «Sittenlehre» bezieht Schleiermacher jedoch aus der Ausdeutung der Prinzipien der Hyperbel. Er schreibt dazu: «Nur aber können in einem ethischen sowol als dem mathematischen Verfahren auf diese Weise [der infinitesimalen Funktion der Hyperbel] bloß einzelne Punkte der Curve wie einzelne Theile des höchsten Gutes gefunden werden» (Schleiermacher 1846, S. 69). Das Fortrücken auf der Kurve von Punkt zu Punkt begreift er in Analogie zum Lebenslauf des Menschen. Das Streben nach Gott treibt den Gläubigen auf der Lebenskurve voran, im Wissen, dass im Leben niemals ans Ziel zu kommen ist. Schleiermacher geht noch einen Schritt weiter, indem er den einen Arm der Hyperbelkurve als den einzuschlagenden Weg zu Gott begreift, den anderen dagegen sieht er als Weg ins Verderben. Den Brennpunkt der Hyperbel erklärt er zur Markierung der transzendentalen Idee Gottes, als Gravitationszentrum – bei Friedrich wird dieser Platz bei seinen Himmelshyperbeln nicht selten von Sonne oder Mond eingenommen.

Auch die Ellipse setzt Friedrich mehrfach zur Himmelsstrukturierung ein. Als geschlossene Form hat sie für ihn etwas Bergendes, Tröstliches, die Hyperbel dagegen öffnet sich in die Unendlichkeit, weist über die Bildgrenzen hinaus. Nach Schleiermacher zeigt sich das einheitliche Prinzip in zwei Formen, arithmetisch in «zählenden Reihen» und geometrisch in «steigenden Reihen» (Mädler 1997, S. 226). Beide Formen der Reihe mit ihrer stetigen Bewegung auf ein nie zu erreichendes Ziel hin bringt Friedrich auch in ihrer Verschränkung zur Anwendung, am deutlichsten in der «Frau am Meer» (Abb. 24).

Auf diesem Bild lagert eine Frau im Profil am Ufer auf einem der großen, glatt geschliffenen Rügenschen Granitsteine und schaut, was irritieren mag, bildparallel aus dem Bild, ohne dass man wüsste wohin. Das rote Gewand, das sich auch auf anderen Bildern findet, die man um 1818 datiert, dürfte auf Friedrichs Ehefrau Caroline verweisen. Offenbar war die Reise nach Rügen im August 1818 Teil ihrer Hochzeitsreise. Die Frau wird hinterfangen von ebenfalls bildparallel angeordneten Fischreusen, die die Richtung des Blickes unterstreichen. Die schnell größer werdenden Schiffe in langer Reihe mögen ebenfalls auf den ersten Blick irritieren. Doch hier greift ganz offensichtlich die mathematische Grundlegung des Bildes. Die arithmetisch zählende Reihe wird durch die Abfolge der Schiffe gebildet, die geometrisch steigende Reihe durch die Spitzen der Schiffsmasten, und dieser steigenden Reihe gibt Friedrich die Gestalt eines Hyperbelarmes. Dabei bildet die Horizontlinie, die Unendlichkeitslinie, die auch die untere Waagerechte des Goldenen Schnitts markiert, die Asymptote sowohl dieses als auch eines zweiten Hyperbelarms. Diesen stiften in abgeschwächter Form die Schiffskörper – wir könnten sagen: als untere Hyperbel.

In Schleiermachers Sinn wäre die Himmelshyperbel diejenige, die den Weg zu Gott andeutet, die untere dagegen, die irdische, wäre die negative, auf der der gefallene Mensch sich bewegt. Auf den einen Weg kann man hoffen, dem anderen ist der sündige Mensch unterworfen; wo genau er sich befindet, kann nur Gott wissen. Friedrich hat dieses Verhältnis auch in Gedichtform zum Ausdruck gebracht: «Ein Wesen wohnt in meinem Innern / Was immer himmel an mich hebt ... Ein Wollen wohnt in meinem Busen / Was fest mich an der Erde bannt, / Mich fest in Sünden hält gefangen / Nur immer nach dem Irdschen hangt ... So schwank ich zwischen Gut und Bösen / Gleich einem Rohr vom Wind bewegt / Bald heb ich mich zum Licht empor / Bald sink ich in des Abgrunds Tiefen ...» (Zschoche 2005, S. 74). Das Emporgehoben-Werden kann der Mensch lediglich passiv und dankbar hinnehmen, während er für das Herabsinken selbst verantwortlich ist. Der Betrachter des Bildes ist der Anschauung passiv hingegeben, nur so kann er eine Ahnung des Göttlichen erfahren, und er kann nur hoffen, dass sein aktives Streben ihn nicht völlig ins Verderben führt.

Es stellt sich nun die Frage, ob Friedrichs Zeitgenossen diese komplexen Zusammenhänge erkannt haben, ob sie überhaupt auf die seinen Bildern zugrunde liegenden geometrischen Figuren und Ordnungsprinzipien aufmerksam geworden sind. Auf Rügen pflegte Friedrich bei den gastfreundlichen Pfarrern der vier sogenannten reichen Pfarreien zu übernachten. Diese Pfarrstellen waren besonders begehrt wegen der anhängenden größeren Ländereien: Bobbin und Sagard auf Jasmund, Wiek und Altenkirchen. Letztere waren keine fünf Kilometer auseinander gelegen, ganz im Norden von Rügen nicht weit von Kap Arkona. Kosegarten saß in Altenkirchen, die Hauslehrerstelle bei ihm hatte eine Zeitlang Ernst Moritz Arndt inne, in Wiek war seit Generationen die Pfarrerfamilie Schwarz zu Hause. Die Pfarrer aller vier Pfarreien waren gut miteinander bekannt, zum Teil sogar miteinander verwandt. Theodor Schwarz, fast gleichaltrig mit Friedrich, hatte selbst künstlerische Ambitionen und kam 1800 in Begleitung des Malers Jakob Roux in die Sächsische Schweiz und nach Dresden. Schon da dürfte er Friedrich kennengelernt haben, spätestens aber 1801, als Friedrich zweimal längere Zeit auf Rügen war und sowohl bei Kosegarten in Altenkirchen

27 Caspar David Friedrich, Felsenschlucht, 1822/23, Öl auf Leinwand, Wien, Kunsthistorisches Museum

28 Carl Gustav Carus, Blick auf Dresden bei Sonnenuntergang, um 1822, Öl auf Leinwand, Kunstsammlungen Chemnitz

29 Caspar David Friedrich, Mondaufgang am Meer, 1822,
Öl auf Leinwand, Staatliche Museen zu Berlin, Nationalgalerie

30 Caspar David Friedrich, Winterlandschaft mit Kirche, um 1811, Öl auf Leinwand, London, National Gallery

31 Caspar David Friedrich, Winterlandschaft, um 1811, Öl auf Leinwand, Schwerin, Staatliche Museen

wie auch bei Schwarz in Wiek Station machte. Auch auf Friedrichs Hochzeitsreise 1818 traf man sich, und bald darauf machte das Ehepaar Schwarz einen Gegenbesuch in Dresden. Kurz: Der Austausch dürfte eng gewesen sein, zumal Friedrich von Schwarz' künstlerischen Bemühungen angetan war.

Spät, 1834, hat Schwarz unter dem leicht durchschaubaren Pseudonym Theodor Melas (griechisch: schwarz) einen umfangreichen dreibändigen Roman unter dem Titel «Erwin von Steinbach oder Geist der deutschen Baukunst» veröffentlicht. Der legendäre, durch Goethes Frühschrift zum Straßburger Münster berühmt gewordene Baumeister Erwin von Steinbach unternimmt in diesem Roman eine Nordlandreise und hat dabei einen Begleiter namens Kaspar – in jedem und allem eine Bezugnahme auf Caspar David Friedrich. Später stößt ein dritter Künstler namens Hubert, offensichtlich eine Anspielung auf Hubert van Eyck, zu der Reisegesellschaft hinzu. Über verschiedene Etappen kommen sie in die südschwedische Kathedralstadt Lund. Erinnert sei hier daran, dass Friedrich zeit seines Lebens von einer Nordlandreise geträumt hat. Schon die Eismeerbilder zeugen von dieser Sehnsucht, die durch Friedrichs Zugehörigkeit zur schwedischen Nation und seine Hoffnung verstärkt wurde, dass die protestantische Erneuerung aus dem Norden kommen möge.

In allen drei Teilen des Romans werden, an zentraler Stelle und in einiger Ausführlichkeit, im Gespräch zwischen den Künstlern von Kaspar die Friedrich'schen Strukturprinzipien erläutert. So tauschen sich Erwin und Kaspar angesichts des Domes von Lund über die Parallele zwischen der Anlage dieses ersten größeren dänisch-schwedischen romanischen Kirchenbaus und die konstruktiven Figuren aus, die Kaspars Bildern zugrunde liegen. Kaspar bekommt vom Bischof von Lund den Auftrag für ein großes Altarbild, hat erst Schwierigkeiten, eine Bildidee und Bildform zu finden, begibt sich darauf in die Natur und wird fündig – die Anspielung auf den «Tetschener Altar» ist schon hier offensichtlich: Das religiöse Thema erscheint im Gewand eines Landschaftsbildes. Im ausführlichen Gespräch zu Kaspars Bildfiguren werden Friedrichs Überzeugungen im

Detail abgehandelt. Vor allem geht es um die geometrischen Figuren, die dem ganzen Bild ein vorgängiges, bedeutungsmächtiges, auf Höheres verweisendes Gerüst einschreiben. Erwin von Steinbach führt die konstruktiven Ordnungsprinzipien der Architektur an, und Kaspar antwortet darauf: «Du magst es mit Recht ein Drängen [vor allem zur Prägung von Formentsprechungen] nennen ..., denn Alles drängt und treibt mich, wenn ich ein Bild mache, erst in einer gewissen geometrischen Figur meine Gedanken zu fassen und rein, wie der Mathematiker, sie zu construiren. Ich habe nicht früher Ruhe, bis ich eine solche rhythmische Form gefunden habe, die freilich oft versteckt liegt und nur dem Kunstsinn offenbar wird, doch kühl und klar abgewogen werden muß, wie der Rhombus und das Polygon, bevor man an Ausschmückungen denken darf. Fehlt diese Grundform im Bilde, so fehlt die Kunst, und es ist bei allen sonstigen Verdiensten nichts als ein naturalisirender Versuch, ein üppiges Konvolut, ohne Haltung und Wahrheit. Doch am schwersten bleibt es immer, diese Figur durch malerische Gegensätze und mannigfaltige Tinten wieder zu verhüllen, damit sie frei und nicht eintönig [wie es Friedrich gelegentlich bei den orthodoxen christlichen Demonstrationsbildern passiert ist] auf das Auge wirke; denn das Einfache und das Eintönige sind gar verschiedene Dinge, und von einander entfernt wie Glaube und Unglaube» (Schwarz 1834, Bd. 1, S. 66 f.).

Präziser scheint man Friedrichs Bildfindungsverfahren kaum beschreiben zu können: Erst muss durch die abstrakte geometrische Figur ein Grund gelegt, ein Rahmen geschaffen werden, dann müssen die sorgfältig studierten Naturpartikel eingefügt werden. Sie sind kein Wert an sich, sondern haben sich der vorgegebenen Ordnung zu integrieren. Die zugrunde liegende abstrakte Figur darf aber nicht aufdringlich sein, vielmehr muss sie von der malerischen Fassung wieder verhüllt werden, so dass sie nur noch subkutan zur Wirkung kommt. So sehr es bei Schwarz, Friedrich oder Schleiermacher eine Form der Naturfeier gibt, die pantheistische Züge aufweisen kann, alle drei beharren gleichermaßen auf ihrem christozentrischen Weltbild. Nicht umsonst schreibt Theodor Schwarz 1846 ein Buch mit dem Titel «Der Pantheist», das erneut eine Verteidigung der Kunstprinzipien Friedrichs darstellt und in dem der Pantheist auf Grund seiner Selbstüberhebung, die an Gottesleugnung grenzt, drastisch kritisiert wird. Friedrich muss mit Schwarz intensiv über seine Kunstverfahren und ihre Notwendigkeit, um zu einer religiösen Aussage zu kommen, gesprochen haben. Wie bei Schleiermacher scheint die ästhetische Fassung die einzige Form zu sein, in der sich Religiöses in der Gegenwart evozieren lässt. Nur auf dem Weg der Anschauung und des durch sie ausgelösten Gefühls, das in der Bildgestalt veranschaulicht ist, kann es zu religiöser Erfahrung kommen. Deswegen sind die geometrischen Formen und die absoluten Maßverhältnisse im Bild für Friedrich unverzichtbar, will er nicht in bloßen Naturalismus abgleiten. Schleiermacher hat das in der «Sittenlehre» auf den Punkt gebracht: «Denn ohne Zweifel muß es für die Kunst so auch für die Wissenschaft gelten, daß Gestalt und Gehalt einander gegenseitig zur Bewährung dienen» (Schleiermacher 1846, S. 9).

8. Friedrichs Entwurfspraxis

Nach all den eher theoretischen Erörterungen gilt es zu betonen, dass Malerei auch bei Friedrich nicht zuletzt Handwerk und Technik ist. Da die Literatur zu Friedrich nicht selten dazu neigt, sein Tun romantisch zu verklären, scheint es sinnvoll, seine Praxis genauer zu fassen. Praxis ist zu erlernen, man braucht Vorbilder und Anleitung. Sicher hat Friedrich bei seinem Greifswalder Zeichenlehrer Quistorp und an der Akademie in Kopenhagen Technisches gelernt, besonders architektonische Entwurfszeichnung. Doch seine Entwurfspraxis war durchaus eigensinnig. Dennoch sollte man sie nicht im luftleeren Raum stehen lassen, so als hätte er sein Verfahren gänzlich unabhängig von anderen entwickelt.

Die Quellen zu Friedrich sagen uns wenig dazu, eine der

wenigen Ausnahmen, die allerdings besonders einschlägig ist, stammt von Carl Gustav Carus. Er war mit Friedrich längere Zeit befreundet, wurde von ihm künstlerisch beraten, doch hauptberuflich war er Arzt und auch als Friedrichs persönlicher Arzt tätig. Es lohnt sich, diese und die folgende Passage umfänglich zu zitieren: «Es war mir von großer Wichtigkeit, Friedrich's Verfahren bei Entwerfung seiner Bilder kennen zu lernen. Er machte nie Skizzen, Cartons, Farbentwürfe zu seinen Gemälden, denn er behauptete (und gewiß nicht ganz mit Unrecht), die Phantasie erkalte immer etwas durch diese Hülfsmittel. Er fing das Bild nicht an, bis es lebendig vor seiner Seele stand, dann zeichnete er auf die reinlich aufgespannte Leinwand erst flüchtig mit Kreide und Bleistift, dann sauber und vollständig mit der Rohrfeder und Tusche das Ganze auf, und schritt hierauf bald zur Untermalung. Seine Bilder sahen daher in jeder Stufe ihrer Entstehung stets bestimmt und geordnet aus, und gaben immer den Abdruck seiner Eigenthümlichkeit und der Stimmung, in welcher sie ihm zuerst innerlich erschienen waren» (Carus 1865/66, Bd. 1, S. 207).

Diese Beschreibung entspricht in der Tat dem Verfahren, mit dem Friedrich ein Bild auf der Leinwand anlegte. Wir müssen uns zudem vorstellen, dass er Zeichnungen aus dem Bestand seiner Aufnahmen heraussuchte, wenn er seine Bildidee gefunden hatte. Anschließend legte er eine dem geplanten Thema und seinem Ausdruck entsprechende geometrische Grundfigur an, und sei es auch nur durch Markierungen am Bildrand, um die Verhältnismäßigkeiten zu fixieren. Ganz offensichtlich hatte Carus von diesem Schritt, den Friedrich wohl als sein «Geheimnis» betrachtete, keine Kenntnis. Dann folgte die malerische Anlage, zu der Carus in seinen «Erinnerungen» wiederum eine wichtige Beobachtung beitragen kann, in der es um Lichtführung und vor allem -steuerung geht: «Das Bild, könnte man sagen, ist ein fixirter Blick, das gewöhnliche Sehen, als ein bewegliches und stets bewegtes Umschauen in der natürlichen Welt, kennt keine Concentration der Massen und des Lichts, der möglichst festgeheftete Blick dagegen … zeigt uns allemal in der Mitte des Sehfeldes … die größte Deutlichkeit, d. h. also auch die vollkommenste Lichtwirkung … Friedrich empfahl mir einst ein Experiment … Ein Mondscheinbild fand er einst auf meiner Staffelei, was ihm wahrhaft gefiel seiner Empfindung und Anordnung nach, welchem aber jene Concentration noch sehr fehlte. Da bat er mich, eine dunkle Lasur auf die Palette zu nehmen und außerhalb des Mondes und der nächsterleuchteten Stellen alles, und je mehr gegen den Rand des Bildes um so dunkler, damit zu übertuschen und dann auf die veränderte Wirkung Acht zu geben. Ich that es, und das Bild war mit eins ein anderes geworden; nun erst war die Illusion der Mondbeleuchtung deutlich» (Carus 1865/66, Bd. 1, S. 208 f.).

Eine gemäldetechnologische Untersuchung an Friedrichs berühmtem Bild der «Zwei Männer in Betrachtung des Mondes» (s. Abb. 15) hat dieses Procedere für Friedrich selbst vollständig bestätigt. Ergänzen sollte man noch, dass auf diesem Bild der helle Mond der einzige Gegenstand ist, der nicht lasierend, sondern mit opaker, deckender Farbe aufgetragen ist, was die Wirkung zusätzlich steigert: Der Ausgangspunkt der Lichtdiffusion ist markiert. Zudem sei auf die Tatsache hingewiesen, dass Friedrich mit Hilfe von mehr oder weniger starken Lasuren den Bildausdruck auch generell steuern konnte. Einfach gesagt, war sein Gemüt verdüstert, trug er immer weitere Lasuren auf. Das konnte im Spätwerk, als offenbar die Depressionen zunahmen, bis zur gänzlichen Verdunkelung des Bildes führen, so dass kaum noch Gegenständliches zu erkennen ist.

Ausdruckssteuerung in der Landschaftsmalerei erfolgt primär über die Himmelserscheinung, John Constable spricht hier von der «key note» des Bildes (Thornes 1999, S. 280). Insofern macht die Bemerkung von Friedrichs Frau Sinn, beim Himmelmalen dürfe man ihren Mann nicht stören, das sei Gottesdienst für ihn, was bedeutet, dass seine Gemütskonzentration, das In-sich-Hineinhorchen, dabei absolut zu sein habe. Bei den Bemerkungen von Carus wie derjenigen von Friedrichs Frau geht es um die für Friedrich zwingend notwendige Übereinstimmung von Gemütsstimmung und Bildwirkung.

Daneben hat Friedrich sich auch ganz handfest Gedanken gemacht über die günstigste und einfachste Form der zeichnerischen Gegenstandsaufnahme. In dieser Frage hat ihm ein umfangreiches Traktat in erstaunlich vielen Punkten Anleitung geben können, zumal es in umfassender Form über die Wiedergabe optischer Phänomene aufklärt. Es handelt sich um das bereits erwähnte Traktat «Élémens de perspective pratique» von Pierre-Henri de Valenciennes von 1799/1800. Nach dem 400 Seiten umfassenden Perspektivteil ist ihm ein 200-seitiger Teil zur Landschaftsmalerei angehängt. Für die zahlreichen Anregungen, die Friedrich aus beiden Teilen empfing, brauchte er den Text der deutschen Ausgabe von 1803 mit der Übersetzung und Kommentierung von Johann Heinrich Meynier. Wie sich nachweisen ließ, standen Friedrich in Dresden zwei Exemplare zur Verfügung (Denk 2019, S. 46 f., 85).

Was Friedrich und Valenciennes verband, bei aller Differenz in der Weise, wie in der Kunst Bedeutung gestiftet werden sollte, war die absolute Verpflichtung auf das Naturstudium, wobei kein Detail unterschlagen werden durfte. Neu daran war, dass der Bereich des Darstellbaren gehörig erweitert wurde, im Falle Valenciennes' durchaus auf naturwissenschaftlicher Basis. Bei der Naturaufnahme hatte ein jedes Phänomen ein Recht auf Erscheinung. Während Valenciennes jedoch in seiner offiziellen Landschaftsmalerei nicht auf Idealisierung verzichtete, suchte Friedrich mit Hilfe der mathematischen, auf göttliche Ursprünge verweisenden Grundlegung das im Detail Studierte zu transzendieren – ohne Verlust an Naturtreue. Insofern konnte er Valenciennes' Vorschläge zur direkten Naturerfassung in seinem Sinne nutzen.

Das häufigste Wort auf Friedrichs zeichnerischen Aufnahmen stellt das Wort «Horizont» dar, und es findet sich selbst bei Darstellungen, die das bloße Wurzelwerk eines Baumes oder einen Felsen zeigen, ohne dass ein Blick in die Landschaft eröffnet würde. Von Valenciennes konnte Friedrich lernen, dass die Horizontlinie sinnvoll mit einer Vordergrundlinie zu kombinieren sei. So heißt es bei Valenciennes: «... muß man gleich anfangs drey Linien auf der Fläche der Tafel festsetzen ... Die erste Linie ist die Erd= oder Grundlinie, welche die niedrigste Linie des Gemähldes ist und mit der Horizont=Linie parallel läuft. Die zweyte ist die Horizont=Linie die immer der Höhe des Auges genommen wird. Die dritte die Vertical=Linie, welche die senkrechte Linie ist, die das Gemählde in zwey gleiche Theile theilt, die Horizont=Linie in gleichen Winkeln durchschneidet und bis auf die Grund=Linie herab fällt. Der Berührungspunkt, in welchem die Vertical=Linie mit der Horizont=Linie zusammen trifft, wird in der Perspective der Augpunkt genannt» (Valenciennes 1803, Bd. 1, S. 23). So simpel das klingt, die Anlage des Liniengerüstes sollte für Friedrich verpflichtend werden. Die Grundlinie, häufig bei Friedrich begleitet von dem Wort «Vorgrund», markiert seinen Standpunkt vor dem aufzunehmenden Landschaftsprospekt. Von hieraus bemisst sich alle Entfernung. Ist der Horizont relativ nahe an der Grundlinie, sind die Gegenstände stärker in Untersicht gesehen, ist er besonders hoch, entsprechend in Aufsicht.

Da Friedrich mit bloßen Umrisslinien zeichnet, kann er beim Blick in bergige Fernen zwar durch Überschneidung der Linien deutlich machen, welche Bergsilhouette sich vor oder hinter einer anderen befindet, doch nicht, in welchem Entfernungsverhältnis die einzelnen Höhenzüge zueinander stehen. Friedrich markiert ihr Verhältnis daher durch von hinten nach vorne zu- oder abnehmende Zahlen, wobei größere Sprünge in den Zahlen auf größere Abstände verweisen (Abb. 32). Wird die jeweilige Zeichnung dann in einem Gemälde genutzt, so entwirft er mit Hilfe der Zahlenverhältnisse die Luftperspektive, die Abnahme von Farbigkeit und Genauigkeit von vorne nach hinten – Valenciennes schreibt auch darüber ausführlich.

Wie kommt es aber, dass die Horizontlinie bei Friedrich häufig niedrig angesetzt ist? Das erklärt sich schlicht aus der Tatsache, dass Friedrich beim Zeichnen oft am Boden gesessen hat. Übernahm er derartige Aufnahmen in ein Gemälde, so blieb diese Sichtweise für ihn verpflichtend. Valenciennes geht sehr weit, was die Horizontabhängigkeit selbst bei der Darstellung von Bäumen angeht. Friedrich, der ebenfalls extremen Wert auf botanische Richtigkeit und auch auf die Richtigkeit der perspektivischen Erscheinung der genau studierten Naturdetails legte, dürften die Ohren geklungen haben: «Die Blätterpartien

32 Caspar David Friedrich, Höhenzüge und Niederung mit Baumbestand bei Teplitz, 3. September 1835, Bleistift, Oslo, Nasjonalmuseet for kunst, arkitektur og design, Nasjonalgalleriet

können leicht in Perspektive gebracht werden, wenn man bedenkt, daß diejenigen, welche unter der Horizont=Linie stehen, an ihrem oberen Theil gesehen werden ... und diejenigen welche sich über der Horizont=Linie befinden, von unten her gesehen werden, daß sich ferner bey allen Bäumen, die sich in dem Wasser abspiegeln, der untere Theil der Blätter zeigt u. s. w.» (Valenciennes 1803, Bd. 1, S. 225, s. auch S. 338–341).

Um nur noch wenige Gemeinsamkeiten anzuführen: Auf Friedrichs Zeichnungen finden sich häufig senkrechte, oben und unten durch einen winzigen Querstrich begrenzte Linien, gelegentlich auch mehrere derartige Linien hintereinander gestaffelt, in der Länge von vorne nach hinten abnehmend. Einige Male steht neben einem solchen Strich das Wort «Mensch». Somit geben die Striche die Größe eines Menschen im Bildraum an. Wie man dies konstruiert, zeigt Valenciennes auf seiner großen Demonstrationstafel (s. Abb. 10). Auch hier dient logischerweise die Horizontlinie als Ort des Fluchtpunktes der Konstruktion. Von Bedeutung ist dies bei der Angabe von Gebäuden

33 Caspar David Friedrich, Studie einer Burg (Burg Stolpen), 27. August 1820, Bleistift, Oslo, Nasjonalmuseet for kunst, arkitektur og design, Nasjonalgalleriet

im Raum. Friedrichs Zeichnung von der Burg Stolpen vom 27. August 1820 weist alle hier genannten Charakteristika auf (Abb. 33): den den «Vorgrund» markierenden Strich unten, die tiefe Horizontlinie, drei sich verkürzende senkrechte Striche, von denen einer seitlich mit «Mensch» beschriftet ist. Da das Gelände nahsichtig aufgenommen ist, hatte Friedrich Schwierigkeiten mit den in Untersicht gesehenen Türmen. So merkte er schließlich außerhalb des eigentlichen Bildfeldes an: «Die Thürme zu hoch» – bei einer Umsetzung ins Gemälde hätte er hier korrigiert.

Weitere praktische Hinweise Valenciennes' wären zu nennen. Doch während die bisher erwähnten durch logische Konstruktion zur Anwendung zu bringen sind, führt Valenciennes auch optische Täuschungen als Phänomene an, denen sich die Kunst zu stellen hat. Friedrich scheinen sie besonders interessiert zu haben, das gilt vor allem für Nebelphänomene, die in seinem Œuvre eine zentrale Rolle spielen. Sie verhüllen, lassen schemenhaft auftauchen, irritieren in ihrer vermeintlichen Unwirklichkeit. Schon in seinen frühen Gemälden kommen sie in vielfältigen Varianten vor: im Wiener «Nebel»-Bild von 1807 (Abb. 34), auch in dessen Pendant «Meeresstrand mit Fischer», vor allem aber in einem frühen Hauptbild, dem «Morgennebel im Gebirge» (heute in Rudolstadt). Valenciennes schildert sich hebende, sich senkende Nebel, spricht von Nebelzerteilung durch Wind, erläutert, wie je nach Stärke des Nebels das den Nebel durchdringende Licht die Farben der eingehüllten Gegenstände verändert. Dünner Nebel vor der Sonne lässt sie gelber erscheinen, dickerer röter. Im Nebel sichtbare Dinge erscheinen durch die Farbabschwächung größer, aber entfernter, als sie in Wirklichkeit sind. Das Phänomen wird gesteigert bei Nebel über dem Meer, da hier für etwas, das aus dem Nebel auftaucht, etwa ein Schiff, ein Vergleichsmaßstab fehlt. Beim Wiener «Nebel»-Bild könnte man das den Fliegenden-Holländer-Effekt nennen.

Das zentrale Phänomen des Rudolstädter Bildes (Abb. 25) schildert Valenciennes folgendermaßen: «Bey dem Aufsteigen oder dem Fall des Nebels, erblickt man öfters ein ganz ungewöhnliches Schauspiel, welches vielleicht seiner Originalität

34 Caspar David Friedrich, Nebel, 1807, Öl auf Leinwand, Wien, Kunsthistorisches Museum

wegen, in der Mahlerey nicht wohl zu benutzen, aber doch ganz natürlich ist; wir meinen nähmlich die Wirkung der Berge und selbst hoher Gebäude, die mit ihrer Spitze sehr deutlich über die sinkende Nebelmasse hervorragen. Diese Bruchstücke von Dingen dieser Erde, die dem Schein nach auf Wolken schweben, haben für die Einbildungskraft etwas Wunderbares; aber freylich lößt ein kurzes Nachdenken den täuschenden Zauber gleich wieder auf und führt zur Wahrheit zurück. – Die entgegengesetzte Wirkung entsteht, wenn der Nebel in die Luft gezogen wird; denn in diesem Fall wird zuerst der untere Theil jener Objecte frey, und die Spitze bleibt in den Nebeldunst verhüllt» (Valenciennes 1803, Bd. 1, S. 265).

Friedrich möchte den Zauber gerade nicht wieder auflösen. In seinem «Morgennebel im Gebirge» hat er gleich mehrere der von Valenciennes geschilderten Phänomene gebündelt. Hauptmotiv ist zweifellos die Bergspitze, die sich bereits aus dem Nebel herausgearbeitet hat. Sie ist von einem winzig erscheinenden Gipfelkreuz gekrönt, um sie herum hat sich ein Stück blauen Himmels gesammelt. Das Tal ist vom Nebel noch weitgehend verhüllt, doch auf halbem Wege haben die Spitzen der Tannen den Nebel bereits hinter sich gelassen, so dass er zwischen den Bäumen in zerfetzter Form erscheint. Soweit handelt es sich erst einmal um die Beobachtung eines Phänomens. Doch wie gelingt es Friedrich, dieser Erscheinung eine tiefere Bedeutung zukommen zu lassen? Hat man erst einmal das vom Blaufeld umgebene Gipfelkreuz als Fixpunkt ausgemacht und realisiert, dass es leicht aus der Mitte nach rechts gerückt ist, dann wird man auch darauf aufmerksam, dass die größte Tanne, die sich am weitesten aus dem Nebel geschoben hat und damit von allen Tannen am klarsten erscheint, von der Bildmittelsenkrechten aus gesehen genauso weit nach links verschoben ist wie das Gipfelkreuz nach rechts. So wird das Schwebende der Erscheinung im Nebel in eine ästhetische, ahnbare Ordnung überführt, die dem Ganzen Halt gibt. Aber nicht nur das, wir werden Kreuz und Tanne auch bedeutungsmäßig in Beziehung zueinander sehen wollen. Der immergrüne Baum und das Opferkreuz für die Menschheit dürfte dann als Verweis auf Offenbarung oder Erlösung zu lesen sein. Das Unbestimmte bekommt eine Dimension des Bestimmten.

Nun propagiert Valenciennes bei der Aufnahme in der Natur auch optische Hilfsmittel. Versucht man deren Verwendung auch für Friedrich in Anschlag zu bringen, so hört man geradezu schon den Aufschrei der Friedrich-Verehrer, die meinen, Derartiges sei für Friedrich gänzlich undenkbar. Und doch scheint es so zu sein, dass Friedrich vor entsprechenden Hilfsmitteln nicht zurückgeschreckt ist. Valenciennes empfiehlt in großer Ausführlichkeit die Benutzung der Camera obscura, interessanterweise nicht zur bloßen Aufnahme von Gesehenem, sondern primär als ein Instrument, das durch seine über die Linsen erreichte Lichtbündelung Farben klarer und konzentrierter sehen lässt, vor allem natürlich im Fokus der Linsen – was eine farbliche Abschwächung und auch ein Nachlassen der optischen Schärfe zu den Rändern hin impliziert (Valenciennes 1803, Bd. 1, S. 205–208, 295–299). Das kam Friedrichs Auffassung sehr entgegen. Von seiner Nutzung des Fernrohrs haben wir im Zusammenhang mit seinen frühen Rügenzeichnungen bereits gesprochen, Valenciennes empfiehlt es nachdrücklich als Sehhilfe. Und auch die Idee, seine Rügenzeichnungen panoramatisch anzulegen, bis zu einem Winkel von 180°, konnte Friedrich aus Valenciennes' Bemerkung zu einer um 1799/1800 noch gänzlich neuen optischen Erfahrung ableiten, den in Gebäuden vorgeführten Riesenpanoramen und den Zimmerpanoramen (Valenciennes 1803, Bd. 1, S. 341–344).

Allerdings warnt Valenciennes auch vor der Benutzung des Fernrohrs: Wenn man Gegenstände optisch heranhole, dürfe man nicht das Phänomen der Licht- und Luftperspektive außer Acht lassen, weil man das Herangeholte klarer sehe, als es im Bildraum erscheine (Valenciennes 1803, Bd. 1, S. 240 f.). Valenciennes führt noch vieles an, das für Friedrich von Bedeutung war, etwa das Phänomen des seltenen Mondregenbogens (Valenciennes 1803, Bd. 1, S. 216), das Friedrich offenbar in seiner Essener «Gebirgslandschaft mit Regenbogen» von 1810 zur Anwendung brachte. Auffällig ist dabei, dass Friedrich den Empfehlungen von Valenciennes vor allem in seinem früheren Werk folgte. Manches davon behielt er bei, doch setzte er es nicht mehr so ostentativ um, später war er sich seiner eigenen Bildersprache sicher.

9. Künstlerfreundschaften: Carl Gustav Carus und Johan Christian Clausen Dahl

Friedrich hatte zu einer ganzen Reihe von Künstlern engeren Kontakt, dazu gehörten die Dänen Johan Ludwig Lund und Christoffer Wilhelm Eckersberg, aber vor allem Dresdener Künstler wie Georg Friedrich Kersting oder Gerhard und Wilhelm von Kügelgen oder auch sein Schüler August Heinrich. Doch den ausgeprägtesten künstlerischen Austausch dürfte er zu Carus und Dahl unterhalten haben. Sie haben Friedrich ungefähr gleichzeitig kennengelernt. Carus war 1814 als Arzt nach Dresden berufen worden, und als begabter Amateurmaler hat er ab 1816 in der Dresdener Akademie ausgestellt. Womöglich ergab sich der Kontakt zu Friedrich bereits hier, eine engere Verbindung bestand ab 1818. Carus hat viel von Friedrich übernommen, dessen Zeichenweise und Thematik imitiert. Zugleich war er Friedrichs Arzt. Dahl hingegen kam im September 1818 nach siebenjährigem Aufenthalt an der Kopenhagener Akademie als voll ausgebildeter Künstler nach Dresden. Mit seinen «nordischen» Bildern erregte er sogleich Aufsehen, und auch der Kontakt zu Friedrich wurde unmittelbar geknüpft. Er entwickelte sich schnell zu einer engeren Freundschaft, so unterschiedlich sie künstlerisch auch agierten. Als Dahl im Juli 1821 nach einem gut einjährigen Italienaufenthalt nach Dresden zurückkam, hatte er, wie bereits erwähnt, ungezählte Ölskizzen im Gepäck, die besonders bei Künstlern auf Gegenliebe stießen. Im April 1823 zog er An die Elbe 33, in das Haus, in dem Friedrich bereits lebte. Von da an wurden sie gewissermaßen als künstlerisches Tandem wahrgenommen, tauschten Bilder untereinander aus, bekamen gemeinsame Aufträge und stellten zusammen aus, mit besonderem Erfolg zum Beispiel in Prag. Und das, obwohl ihre Landschaftsauffassung grundverschieden war. Den Zeitgenossen war dies durchaus bewusst, ja, die unterschiedlichen Auffassungen der beiden Künstler scheinen bei der gemeinsamen Betrachtung ihrer Bilder einen besonderen Reiz ausgemacht zu haben. Man besuchte die Ateliers beider gleichermaßen – Dahl wohnte direkt über Friedrich – und hatte Diskussionsstoff.

In der Kritik wurde die Differenz zwischen Friedrich und Dahl mit einem traditionellen antithetischen Modell bedacht. 1823, in einer Besprechung der Akademieausstellung, wird Friedrich zum Idealisten, Dahl zum Realisten. «Dahl verbindet mit Geist, Friedrich erfindet. Zeichnet diesen Größe der Idee und Tiefe der Empfindung aus, so erkennt man jenen an dem Reichthum seiner Phantasie und an der Klarheit seiner Darstellung» (Börsch-Supan/Jähnig 1973, S. 98). Am überzeugendsten hat Carus, der mit beiden befreundet war, in seinen späten «Lebenserinnerungen und Denkwürdigkeiten» von 1865/66 ihre Differenz auf den Punkt gebracht. Dahl «hatte sich mit Friedrich, und durch ihn mit mir sehr bald näher verbunden. Im Auffassen der Landschaft war er jenem der vollkommenste Gegensatz den man sich denken kann: purer Naturalist, nur das Detail der Felsen und Bäume und Kräuter und Wiesen, aber dies mit ganz eigenthümlicher Meisterschaft ergreifend, mit außerordentlicher Fertigkeit arbeitend, aber vieles dem Zufall anheimgebend, schien er ebenso oft an das Objective sich zu sehr zu verlieren, als Friedrich zuweilen im Subjectiven unterging» (Carus 1865/66, S. 288 f.). Nach Carus' Meinung also folgte Dahl der Naturerscheinung zu sehr im Detail, so dass seine Bilder nur in Grenzen Form gewannen, Friedrich dagegen drückte dem Gesehenen zu sehr seinen Stempel auf. Seine eigene Kunst suchte Carus eher zwischen diesen Extremen zu lokalisieren. Ohne die subjektive Erfahrung aufgeben zu wollen, maß er seinem Begriff von Kunst eine objektive Dimension bei.

Ein Vergleich zwischen einem Gemälde von Dahl und einem von Friedrich erlaubt, die konstatierte Differenz besser zu begreifen. Dafür bieten sich die Beispiele ihres Gemäldeaustausches von 1820 an. Dahl schenkte Friedrich den «Fluss im Plauenschen Grund» (Abb. 35), Friedrich Dahl seine berühmten «Zwei Männer in Betrachtung des Mondes» (Abb. 15), die Dahl nach dem Tod Friedrichs 1840 an die Gemäldegalerie in Dresden gab, als besonderes Erinnerungsstück an die künstlerischen Möglichkeiten Friedrichs. Alle gestalterischen Prinzipien Friedrichs kommen bei diesem Bild zur Anwendung. Zur Identifizierung der beiden dargestellten Männer wurden die verschiedensten Vorschläge gemacht; zuletzt ist mit gutem Grund angenommen worden, dass es sich bei dem Bild auch insofern um eine Freundschaftsgabe handelt, als Friedrich, der vierzehn Jahre Ältere, sich mit seinem Freund Dahl dargestellt habe. Beide sind in altdeutscher Tracht wiedergegeben, der Jüngere lehnt sich vertrauensvoll an die Schulter des Älteren. Das in nächtliches bräunliches Zwielicht getauchte Bild ist wunderbar ausgewogen und still. Die beiden Männer sind in der Tat in die Betrachtung des Mondes und des Abendsternes versunken, so unwegsam das Gelände mit dem riesigen Felsbrocken rechts

35 Johan Christian Clausen Dahl, Szene aus dem Plauenschen Grund, 1818, Öl auf Leinwand, Kopenhagen, Statens Museum for Kunst

auch ist, auf dem eine kaum noch im Boden verankerte Eiche lastet, und so unklar es ist, wohin der Weg, auf dem sie gekommen sind, sie führt. Da ganz rechts in der Ferne tiefer gelegene Tannen sich zeigen, dürfen wir annehmen, dass sich vor den beiden ein Abgrund auftut. Ihre Ruhe, von Mond und Abendstern in ihrem Schweben unterstrichen, wird mit der unzugänglichen Natur konfrontiert. Es dürfte nicht falsch sein zu vermuten, dass die Mondnacht Trost spenden soll in verworrenen Zeiten.

Dieser ruhige Trost wird durch die Bildordnung geradezu auf Dauer gestellt. Geheimes Zentrum des Bildes ist der Abendstern, so winzig er auch erscheint. Denn auf den Millimeter genau kreuzen sich in ihm die waagerechte Mittelachse des Bildes und die rechte Senkrechte des Goldenen Schnitts. Doch wie sind die beiden Betrachtenden an diese ästhetisch eindeutige Fixierung gebunden? Der aufrecht Stehende, zweifellos die Hauptfigur des Bildes, markiert exakt in Augenhöhe die obere Waagerechte des Goldenen Schnitts. Diese übergeordnete, abstrakte ästhetische Festlegung transformiert das bloße Natursehen in ein Nachsinnen über tiefere Wahrheiten. Eine derartige Er-

36 Caspar David Friedrich, Frau vor der untergehenden Sonne, um 1818, Öl auf Leinwand, Essen, Museum Folkwang

37 Caspar David Friedrich, Kreidefelsen auf Rügen, 1818,
Öl auf Leinwand, Winterthur, Stiftung Oskar Reinhart

38 Caspar David Friedrich, Dorflandschaft bei Morgenbeleuchtung (Der einsame Baum), 1822, Öl auf Leinwand, Staatliche Museen zu Berlin, Alte Nationalgalerie

39 Caspar David Friedrich, Der Abendstern, um 1830/35, Öl auf Leinwand, Frankfurt a. M., Freies Deutsches Hochstift, Romantik-Museum

40 Caspar David Friedrich, Das große Gehege, um 1832, Öl auf Leinwand, Dresden, Staatliche Kunstsammlungen, Gemäldegalerie Neue Meister

fahrung ist im Sinne Schleiermachers möglich, wenn man sich dem Gesehenen in passiver Hingabe überlässt. An den Betrachter des Bildes ergeht die Aufforderung, es den beiden Männern gleichzutun. Dass die Mondsichel mit ihrem äußeren Rand die Mittelsenkrechte des Bildes touchiert, dürfte nach dem bisher Gesagten beinahe selbstverständlich sein. Das Mondlicht durchtränkt das Bild, wobei das Licht zu den Rändern hin abnimmt, so dass unser Blick fokussiert wird.

Dagegen ist Dahls Bild, wenn man so sagen darf, ein Leichtgewicht, zudem eine etwas sonderbare Melange. Der Plauensche Grund gewinnt norwegische Züge, die Dahl, dem Norweger, am Herzen lagen. Vor allem durch den wilden Fluss und die entwurzelte, in den Fluss gestürzte ruinöse Birke gewinnt das Bild an Pathos, unterstrichen von den Felsformationen, in die sich der Fluss eingegraben hat. Dahl kann hier wie andernorts eine Schwäche nicht vermeiden: Die räumliche Entfaltung, die durchaus im klassischen Sinn von vorn nach hinten in drei Gründen erfolgt, ist wenig überzeugend, was besonders bei den überhängenden Felsschichtungen links auffällt. Der schwarze Felsblock in der Mitte scheint herabzustürzen; was dort vor- oder hintereinander sein soll, ist schwer zu sagen. Carus hatte schon recht, die Details sind naturgetreu, doch eine Gestalt gewinnt das Bild nur in Grenzen. Es erschöpft sich in der Tat in der Wiedergabe der Naturphänomene, die gut gemalt sind, aber Selbstzweck bleiben.

Vergleicht man zudem zwei im Motiv ganz ähnliche Bilder von Friedrich und Dahl, die jeweils eine Schlucht in der Sächsischen Schweiz darstellen, so verstärkt sich der beschriebene Eindruck. Dahls Bild von 1820 (Abb. 41) brilliert in der Wiedergabe hoher, eng beieinander stehender Felsen, durch die sich wieder ein unruhiger Fluss Bahn gebrochen hat. Der Weg neben dem Fluss ist mit einem groben Holzzaun gesichert, auf dem Weg ein erzählerisches Motiv: Ein Mann und zwei Frauen in einheimischer Tracht scheinen kurz Pause zu machen, in der Ferne, da, wo der Weg in einer Biegung zwischen den Felsen verschwindet, zeigt sich ein Reiter. Doch die Größenverhältnisse der Gruppen zueinander sind nicht wirklich stimmig, er-

41 Johan Christian Clausen Dahl, Schlucht in der Sächsischen Schweiz, 1820, Öl auf Leinwand, München, Bayerische Staatsgemäldesammlungen, Neue Pinakothek

neut kommt es Dahl primär auf eindringlich wiedergegebene Details an. Die erzählerischen Motive rauben zudem dem Naturbild seine gewisse Dramatik. Wir können uns gut eine Wanderung durch die Sächsische Schweiz vorstellen, beeindruckt von der Natur, aber nicht überwältigt.

Friedrichs Bild von 1823 ist, um es salopp zu sagen, von einem anderen Kaliber (Abb. 27). Der in die Tiefe führende Felsspalt ist von überhängenden Felsen bedroht und von gestürzten, abgestorbenen Bäumen verrammelt, doch seine Form und Lokalisierung entsprechen verblüffenderweise geradezu klappsymmetrisch der höchsten Felsennadel. Zwischen beiden Figurationen liegt, wie oft bei Friedrich, eine Nebelschicht, so dass der Mittelgrund fehlt und Vorder- und Hintergrund miteinander konfrontiert sind. Selbst wenn die Felsformation auf genaues Naturstudium zurückzuführen ist – es handelt sich um das sogenannte Felsentor Neurathen –, so überbietet die Inszenierung die bloße Naturwiedergabe bei weitem. Denn der Einschnitt der Schlucht und die Felsnadel als sein Pendant verlaufen exakt auf der rechten Senkrechten des Goldenen Schnitts. So erfolgt die Lektüre des Bildes in einem Zweischritt. Wir bemerken zuerst das enge, unzugängliche Verhau im Vordergrund, dann wird unser Blick in die Höhe geführt, wo aus dem Nebel die Felsnadel aufsteigt. Überlassen wir uns dem Eindruck auf unbestimmte Zeit, dann wird eine Art dialektischer Aufhebung der Negativaussage zum Motiv des Vordergrunds möglich.

Dahls offizielle Ausstellungsbilder erscheinen nicht besonders glücklich in der Anlage, doch hat er sich einen Bereich der Kunst erobert, auf dem er schier unüberbietbar war: auf dem Feld der Ölskizzen. Offenbar ist er auf den Typus der spontan vor der Natur aufgenommenen Ölskizze auf seiner Italienreise 1820/21 vor allem im Kreis um Heinrich Reinhold aufmerksam geworden. Aber auch französische Künstler verfolgten den Typus in verstärktem Maße, seitdem es für den 1817 eingerichteten «Prix de Rome» für Landschaftsmalerei gefordert war, eine Ölstudie vorzulegen, bevor es an die Ausführung eines offiziellen Landschaftsbildes ging. Hauptbetreiber der Einrichtung des Landschaftspreises war Pierre-Henri de Valenciennes, der im Landschaftsteil seines großen Traktats von 1799/1800 genaue Angaben zur Verfertigung von Ölskizzen vor der Natur machte: Der Künstler dürfe nicht mehr als zwei Stunden für eine Skizze verwenden, bei schnell sich ändernden Witterungsverhältnissen gar nur eine halbe Stunde. Gelte es, ein rasch sich veränderndes Wolkenphänomen festzuhalten, so könne es sinnvoll sein, eine bloße flüchtige Zeichnung anzufertigen und die Farbangaben hineinzuschreiben (Valenciennes 1803, Bd. 2, S. 29–34). Ob Dahl Valenciennes' Traktat gelesen hat, wissen wir nicht, auch nicht, ob er eine der vielen von Valenciennes bereits in den 1780er Jahren gefertigten Ölskizzen hat sehen können. Dass Friedrich jedoch Valenciennes' Anweisungen auch hier gefolgt ist, scheint mehr als wahrscheinlich. In seinem Osloer Skizzenbuch von 1806–1808 finden sich systematische Wolkenstudien in Bleistift mit gelegentlichen Pinsellavierungen und hineingeschriebenen Angaben zur Farberscheinung und den atmosphärischen Verhältnissen.

Als Dahl 1823 in das Haus An der Elbe 33 in Dresden zog, wurde Friedrich auf Dahls Ölskizzen aufmerksam. In der Folge hat er sich 1824 kurzzeitig auch in diesem Typus versucht. Dabei übernahm er zumindest bei zweien der drei erhaltenen Ölskizzen auch das Verfahren, das Dahl und die in Italien tätigen Ölskizzenmaler bevorzugten: Man malte in Öl ohne Vorzeichnung auf grundiertem Papier, das auf Pappe geklebt war, oder gleich auf die grundierte Pappe. Das Format der Ölskizzen ist grundsätzlich ausgesprochen klein, da es üblich war, mit einem kleinen hölzernen Malkasten, in dem sich die Malutensilien und die Pigmentflaschen befanden, in die Landschaft zu gehen und die Pappe an den aufgeklappten, schräg gestellten Deckel des Malkastens festzuklammern.

Friedrich hat auf seinen wirklich grandiosen Ölskizzen in dem schmalen unteren Landschaftsstreifen relativ groß das Entstehungsdatum in die noch feuchte Farbe geritzt, etwa «Abend October 1824» (s. Abb. 16). Eigentliches Thema seiner Ölskizzen war die Himmelserscheinung. In den allermeisten Landschaften mit ausgeprägtem Wolkenhimmel finden wir, zumal im holländischen 17. Jahrhundert, ausschließlich die großen Zusammenballungen von Cumuluswolken. Friedrich gehört wie etwa auch Constable zu den Künstlern, die als Erste auch die zarten, hohen, zerfledderten Cirruswolken, die Schäfchenwolken, wiedergegeben haben. Doch so schön Friedrichs Ölskizzen auch sind, für ihn waren sie keine vollgültigen Bilder. Das erklärt auch seine Ablehnung von Goethes Ansinnen, für ihn Wolkenbilder auf der Basis von Luke Howards Wolkenterminologie zu malen. Vollgültige Bilder hatten für Friedrich einen tieferen Sinn zu bergen.

Im Gegensatz zu Dahl, der Friedrich in der Praxis beeindrucken konnte, erfolgt seine Auseinandersetzung mit Carus auf theoretischem Feld. 1831 hat Carl Gustav Carus seine «Neun Briefe über Landschaftsmalerei» publiziert. Sie sind über einen längeren Zeitraum hin entstanden, ihre Abfassung wurde zudem mehrfach für einige Zeit unterbrochen. Die ersten drei Briefe entstanden zwischen 1815/16 und 1820, die letzten drei 1824, doch sollte es bis 1831 dauern, bis das Konvolut publiziert wurde (Müller-Tamm 1995, S. 154–169). Die Briefe 1–3 werden gemeinhin als frühromantisch klassifiziert, und es wird ihre Nähe zu Friedrichs Auffassung betont. Die Briefe 4 und 5 markieren eine Übergangsphase, sie sind dem Stilbegriff und der Geschichte der Landschaftsmalerei gewidmet. Ab dem sechsten kommt es dann zu einem Bruch: Carus orientiert sich nun ganz offensichtlich an Goethes genetisch-morphologischem Modell. Es beruht auf der Idee einer organischen Ganzheit der Natur, die der Naturforscher kraft seines Geistes zu schauen weiß. Die Bildungen der Natur folgen einer anzunehmenden Grundform und entwickeln sich in all ihren Formen logisch daraus. Es geht um ein naturwissenschaftliches Gestaltsehen, das auch für die Kunst Geltung beansprucht: Auch der Künstler hat, naturwissenschaftlich abgesichert, die Urgestalt der Dinge zu erkennen und in seinem Werk zur Anschauung zu bringen (Müller-Tamm 1995, S. 29–38).

Auch wenn die Briefe 1–3 von frühromantischem Gedankengut geprägt sind – mehrfach ist etwa von Schellings Vorstellung der Weltseele die Rede, und in Brief 2 wird Schleiermachers Ästhetisierung der Religion aufgerufen –, so ist Carus in seinen Überzeugungen doch zu sehr Klassizist, der den Idealismus der Kunst propagiert, um etwa Schleiermachers Vorstellung davon akzeptieren zu können, dass «weder Denken noch Handeln, sondern [allein] Anschauung und Gefühl» das Wesen der Religion und damit auch der Kunst seien (Schleiermacher 1993, S. 35). Zwar greift Carus in seiner Kunst romantische Themen auf: Mondscheinlandschaften, Klosterszenen oder Ruinendarstellungen, er erschließt sich auch auf Friedrichs Spuren Rügen mit seinen vorzeitlichen Steinsetzungen und seinen Fernblicken aufs Meer. Doch folgt er Friedrich nicht in dessen systematischer Verbindung von ästhetischer Ordnung und religiöser Ausdeutung dieser Ordnung, wie ein Bildvergleich gleich zeigen wird. Carus ist mit seinen ausgeprägt naturwissenschaftlichen Interessen nicht ohne Grund auf Goethes morphologische Vorstellungen eingegangen. Für ihn eröffnet die naturwissenschaftliche Grundlegung eine Steigerung der Kunst zu einer, wie er es nennt, zweiten, höheren Wahrheit, wobei ihm allerdings die Kunst als Gipfel der Wissenschaft erscheint, da sie zur Wesensschau in der Lage ist. Damit gewinnt die subjektive Erfahrung für ihn eine objektive Gültigkeit.

Angesichts dieser morphologischen Wende fragt es sich allerdings, warum Carus' eigene Kunst – sieht man von den wenigen geognostischen Landschaften ab, die sich der geologischen Struktur der Erde widmen – letztlich durchgehend die romantische Form beibehält. Darauf scheint es nur eine Antwort geben zu können: Seine Kunst stellt keine objektiven Ansprüche, sondern verbleibt im subjektiven Bereich. Carus sah sich als Kunstamateur und Dilettant, für den die Kunst nach des Tages medizinischer und naturwissenschaftlicher Arbeit der Rekreation und Tröstung diente. Er war, was ihn wieder mit Friedrich verband, eine melancholische Figur mit gelegentlich stark depressiven Anwandlungen. Trost aus der eigenen Subjektivität ziehen zu können, war ihm geradezu notwendig. Nicht umsonst hat er 1841 die Abhandlung mit dem eindeutigen Titel «Psyche» verfasst, die noch Sigmund Freud beeinflusst hat.

Vielleicht erklärt diese seelische Disposition den nach 1824 sich vollziehenden Bruch mit Friedrich, der Carus' künstlerische Bemühungen auf allen Wegen unterstützt hatte. Sie hatten gemeinsam Zeichnungskampagnen unternommen, bei denen sich Carus' Zeichnungen eng an Friedrichs Verfahren orientierten. Friedrich hat ihn auch in der Malpraxis beraten. Doch die

Entwicklung der beiden führte in entgegengesetzte Richtungen. Carus wurde immer erfolgreicher, brachte es zum Leibarzt des sächsischen Königs, publizierte eine erfolgreiche naturwissenschaftliche Abhandlung nach der anderen. Friedrich dagegen geriet in Schwierigkeiten. Sein Gesuch, die freiwerdende Professur zur Leitung der Landschaftsklasse an der Akademie übertragen zu bekommen, was ihn auch finanziell sichergestellt hätte, wurde abgelehnt. Neben der monierten Einseitigkeit seiner eher düsteren Thematik dürften dafür auch politische Gründe verantwortlich gewesen sein. Friedrich blieb auch dann noch Demagoge, als das Tragen der Demagogentracht an der Akademie verboten wurde, als die Metternich'sche Reaktion und Restauration zu greifen begann und in politische Verfolgung umschlug. Friedrich wurde krank, sein Gemüt verdüsterte sich, sein Arzt Carus machte ihm Vorhaltungen und sah ihn gar auf dem Weg in eine Geisteskrankheit.

Wenn unter diesen Umständen Friedrichs und Carus' Bilder in der Akademie zusammen, gelegentlich unmittelbar nebeneinander ausgestellt wurden und in den Rezensionen nicht nur als verwandt, sondern als gleichwertig betrachtet wurden, dann musste dies Friedrich verletzen. In seinen späten «Äußerungen bei Betrachtung einer Sammlung von Gemählden von größtentheils noch lebenden und unlängst verstorbenen Künstlern», entstanden um 1830, hat sich Friedrich seinen Ärger von der Seele geschrieben. Die direkte Namensnennung vermied er, doch für Eingeweihte war die Zielrichtung unverkennbar: «Aber man wird nur zu bald gewahr daß zwischen dem Wort und der That noch eine groß Kluft liegt; denn in seinen Bildern ist nicht die geringste Spuhr von seinen glänzensten viel versprechenden Gesprechenden [sic!] zu erkennen; im Gegentheil lauter Unwissenheit und Unkunde, selbst auch in den geringfügigsten Dingen. Es ist nicht allein von der Ungeschickligkeit der Hand hier die Rede, sondern auch in geistiger Hinsicht sind seine Schöpfungen todt» (Friedrich 1999, S. 40, Z. 678–686). Das mag unfaire Züge besitzen, doch in einer Hinsicht spricht Friedrich eine grundsätzliche, für ihn absolut verpflichtende Wahrheit aus, wenn er schreibt, Carus' Bilder seien geistig tot.

Was er damit meint, sei in einem Gemäldevergleich demonstriert. Wenn Carus in einem durchaus schönen Bild von 1822 (Abb. 28) ein offenbar älteres, bürgerliches Ehepaar auf einer Böschung sitzend beim abendlichen Blick auf Dresden zeigt, dann drückt das Bild bei farbgesättigtem Abendhimmel etwas Zufriedenes aus. Gleich wird das Paar sich auf den Heimweg machen, die Wegrichtung ist angedeutet (Friedrich hätte ein solches Motiv nie verwendet, bei ihm gibt es keine Hinweise auf einen weiteren Handlungsverlauf). Das Paar wird dem schönen Abend nachsinnen, vielleicht noch ein Glas Wein trinken. Derartige Gedanken wären vor einem Bild von Friedrich undenkbar. Warum?

Betrachten wir zum Vergleich Friedrichs Gemälde «Mondaufgang am Meer» aus demselben Jahr 1822 (Abb. 29). Auf einem der großen Rügener Granitsteine am Meeresufer sitzt ein jüngeres Frauenpaar und schaut aufs Meer, auf dem sich zwei großmastige Segelschiffe nähern. Das schon nah am Ufer befindliche zieht bereits das untere Hauptsegel ein. Leicht versetzt hinter den beiden Frauen sitzt ein älterer Mann. Genau zwischen den Frauen und dem vorderen Schiff taucht aus einer das ganze Bild überfangenden dunkelvioletten Hyperbelform der aufgehende Mond auf und verfärbt den Himmel über seiner Scheibe in ein Orangegelb. Die Köpfe der beiden Frauen und das Toppsegel des vorderen Schiffes ragen in den vom Mond erhellten Bereich, das hintere, zweite Schiff und der ältere Mann dagegen verbleiben im Halbdunkel. Man muss nicht zwingend auf die Definition der Hyperbel mit ihrem Verweis auf die Unendlichkeit rekurrieren und sie für das Verständnis des Bildes in Anschlag bringen, deutlich ist auf jeden Fall, dass die beiden Frauen sehnsüchtig auf das warten, das das vordere Schiff bringen wird, selbst wenn dieser Gedanke unseren Anteil braucht und vom Bild nicht zwingend herausgefordert wird. Dagegen hängt der Alte im Schattenbereich seinen Gedanken, womöglich von irdischer Endlichkeit, nach, angedeutet im noch fernen Schiff. Es ist wohl von der Lebensreise die Rede, im positiven wie im resignativen Sinn.

An uns ist es, angesichts des Bildes diesen Deutungshorizont zu reflektieren. Ein jedes Bild von Friedrich ist in einer vergleichbaren Weise verweisfähig. Carus' Bild hingegen verweist nicht, es erzählt eine freundliche Anekdote. Friedrichs geradezu abstrakte Bildordnung stiftet Bedeutungshaltigkeit, Carus' Kompositionsweise ist eher konventionell, durchaus austariert, aber eben nicht einem höheren Sinn verpflichtet. Etwa in diesem Sinne dürfte Friedrich seine Kritik an Carus' Bildern gemeint haben, wenn er ihnen Geistigkeit absprach. Der Theorie nach möchte sich Carus zwischen den Extremen von Subjektivität, die er Friedrich attestiert, und Objektivität, die er im bloßen Naturalismus von Dahl sieht, lokalisieren. Der subjektive Zugriff soll durch die naturwissenschaftliche, genetische Verankerung verobjektiviert werden. In der künstlerischen Praxis allerdings ist Carus dazu nicht in der Lage oder auch nicht willens. Doch auch Friedrich scheint er zu verkennen, wenn er ihm eine rein subjektive Verbildlichung von Gefühlserfahrungen unterstellt. Friedrich zielt immer auf die Transzendierung des bloß Subjektiven, insofern tut Carus ihm Unrecht.

10. Interpretation einiger Hauptwerke Friedrichs

Im Folgenden soll eine Reihe von individuellen Werken Friedrichs betrachtet und versucht werden, das bisher Entwickelte an ihnen einzulösen.

Wenn Friedrich, was nicht selten geschieht, Pendantbilder entwirft, dann eröffnet er damit vorsichtig ein Argument. Im einen Bild wirft er eine Frage auf, im anderen deutet er eine Antwort an. Insofern sind seine Pendantbilder besonders geeignet, eine Ahnung von seiner Form der Sinngenerierung zu vermitteln. Wenn der «Mönch am Meer» (s. Abb. 14) von der Vergeblichkeit des Wunsches nach Selbstüberhebung spricht und dies auch durch den Verzicht auf eine strikte Bildordnung als Sinnspender zum Ausdruck kommt, dann eröffnet sein Pendant, die «Abtei im Eichwald» (s. Abb. 23), einen Hoffnungsschimmer, trotz der düsteren, winterlichen Atmosphäre mit dem Sarg, der von Mönchen in eine Kirchenruine getragen wird. Das Gemälde vermittelt Hoffnung nicht nur durch die ganz vorsichtige farbliche Aufhellung auf der rechten Himmelsseite und das nahezu versteckte Vögelchen im Maßwerk des hohen Chorfensters, sondern vor allem durch die ästhetische Ordnung, die die «Unordnung» des ersten Bildes tendenziell aufhebt. Mittelachsenbetonung und Goldener Schnitt sorgen für die Beruhigung der Bildanlage, die den Betrachtenden Zeit zur Versenkung gibt. Die große Himmelshyperbel mit ihrem Verweis auf die Unendlichkeit demonstriert Friedrichs Grundüberzeugung, dass der Lebensweg nur durch den Tod zum ewigen Leben führt.

Bald nach diesen Pendantbildern malt Friedrich ein zweites Bilderpaar, das seine Verweisformen weiterentwickelt: Die «Winterlandschaft mit Kirche» (Abb. 30), deren Erstfassung erst spät wiederaufgetaucht ist und heute in der National Gallery in London aufbewahrt wird, und ihr schlicht «Winterlandschaft» (Abb. 31) genanntes Pendant in Schwerin. Beide Bilder sind um 1811 zu datieren. Das erste zu betrachtende dürfte die «Winterlandschaft» in Schwerin sein, denn sie ist wieder von besonderer Trost- und Aussichtslosigkeit. Ein invalider Wanderer scheint am Ende seines Weges angekommen zu sein. Er ist am Rand eines Gehölzes angelangt, die meisten Stämme der Bäume sind abgehackt. Vor ihm liegt eine unendliche Schneelandschaft, die ins Nichts zu führen scheint, der verhangene Himmel wird weiteren Schnee bringen. Der Wanderer, auf seine Krücken gestützt, scheint von zwei Eichenruinen geradezu in die Zange genommen zu sein, offenbar gibt es kein Vor und Zurück. Wenn überhaupt ein Rest an Hoffnung aufblitzt, dann durch die winzige rote Kappe des Invaliden, die den einzigen Farbtupfer des ganzen Bildes ausmacht. Sie liegt exakt auf der unteren Waagerechten des Goldenen Schnitts. Es ist, als würde uns damit angedeutet, dass die Hoffnung nur aus dem Wanderer selbst kommen kann.

Das bestätigt das zweite Bild. Es ist, wie nicht selten bei Friedrich, von einfacher Komplexität, um es paradox auszudrücken. Der Wanderer hat sich – wenn wir das zweite Gemälde als die

42 Caspar David Friedrich, Tannen- und Wolkenstudien, 28. April 1807, Bleistift, Oslo, Nasjonalmuseet for kunst, arkitektur og design, Nasjonalgalleriet

Fortsetzung des ersten deuten wollen – weiter fortgeschleppt und schließlich in der Schneeeinöde einige wenige Tannen bei großen Felsblöcken gesehen. In dieser Tannengruppe hat er die Entdeckung eines schmalen, hohen hölzernen Kruzifixus gemacht. Er hat seine Krücken von sich geworfen und sich anbetend vor einem der großen Felsblöcke in den Schnee gesetzt. Nun scheint er wirklich am Ende seines Lebensweges angelangt zu sein, doch jetzt ermöglicht ihm sein Glaube eine Hoffnungsvision. Die einzige Waagerechte in der ganzen Schneelandschaft ist rechts von der Tannengruppe zu finden, und sie verläuft exakt in Höhe des Kopfes des Anbetenden. Damit ist er wie auch im ersten Bild besonders betont, denn die bildparallele Linie ist zugleich die Horizontlinie, die bekanntlich auch die Unendlichkeit markiert.

Dass dies so ist, macht die Vorzeichnung der großen Tanne vom April 1807 (Abb. 42) deutlich, die sehr wörtlich ins Bild übernommen wurde. Nicht weit von ihrem Fuß nämlich, wie dann auch im Gemälde, hat Friedrich eine waagerechte Linie gezogen und darüber das Wort «Horizont» geschrieben. So hat er die Tanne ganz offensichtlich am Boden sitzend aufgenommen und damit größtenteils in leichter Untersicht gesehen. Ebenso erfährt der Invalide die Tannengruppe, ja, wir können sogar sagen, dass er Friedrichs Platz einnimmt, dass Friedrich sich im Invaliden sieht und dessen Schicksal antizipiert.

Im Rücken des Invaliden erscheint die Vision einer Kathedrale im winterlichen Nebel. Ihre Höhe entspricht exakt der Höhe der großen Tanne, und ihre sich im Nebel auflösende Form gleicht dem oberen Tannenteil bis zu einem großen Einschnitt der Zweige. Der Stamm dieser Tanne liegt auf den Millimeter genau auf der rechten Senkrechten des Goldenen Schnitts, während das angedeutete Tor vor dem Kathedralbezirk auf der unteren Waagerechten des Goldenen Schnitts angeordnet ist. So sind die vom Kreuz bezeichnete Tanne und die Kathedrale auf abstrakt ästhetische Weise aufeinander bezogen, und der Gedanke scheint nicht abwegig, den Blick des betenden Wanderers auf Kreuz und Tanne als auslösendes Moment für seine Kathedralvision zu verstehen. Die Verwandlung des einen in das andere vor dem geistigen Auge soll anschaulich werden und Hoffnung stiften, ganz direkt wohl auf jenseitige Erlösung.

Es scheint wenige Phasen in Friedrichs Leben gegeben zu haben, die man schlicht als glücklich bezeichnen könnte. In der Zeit um 1818 dürfte eine derartige Ausnahme zu sehen sein. Im Januar 1818 heiratete Friedrich Caroline Bommer. Im Juni begaben sie sich auf Hochzeitsreise, erst zur Familie nach Greifswald. Sie machten Besuche in Wolgast und Stralsund und waren im August eine Zeitlang auf Rügen, um dann wieder nach Greifswald zurückzukehren. Bei Friedrich scheint die Hochzeit eine Phase besonderer künstlerischer Produktion ausgelöst zu haben, eine Reihe seiner wichtigsten Bilder entsteht um 1818 herum: der «Kreidefelsen auf Rügen», «Auf dem Segler», aber auch der «Wanderer über dem Nebelmeer» und als Familienstück der «Marktplatz von Greifswald», auf dem eine ganze Reihe von Familienmitgliedern auftaucht. Das Blatt macht deutlich, dass Friedrich auch als Vedutenmaler hätte erfolgreich sein können, doch entsprach die bloße Wiedergabe von städtischem Leben nicht seiner Vorstellung von eigentlicher Kunst.

Zudem ist 1818 eine Reihe kleinerer Bilder entstanden, zum Teil im Kontext des Rügenaufenthalts, wie der «Abschied» («Frau am Meeresstrand, einem Schiff zuwinkend») oder die in Winterthur aufbewahrte «Frau am Meer». Eine Hommage an Caroline dürfte die «Frau vor der untergehenden Sonne» (Abb. 36) sein, die wohl nicht zu Unrecht eher als Frau vor aufgehender Sonne aufgefasst wird. Das Bild hat einen feierlichen Ton. Die dargestellte Frau steht mit dem Rücken zu uns, auf der Bildmittelachse im Vordergrund, gerahmt von kleineren Felsbrocken. Vor ihr erstrecken sich Felder und eine weite Hügellandschaft, hinter dem fernen Hügelzug ist die Sonne zu denken. Sie wirft breite Strahlen, die die Frau rahmen und den Himmel orange und rot färben. Heute sind die Strahlen auf Abbildungen kaum noch zu erkennen, sie scheinen im Bild verblasst, haben aber ursprünglich breite Bahnen eingenommen – ähnlich den Strahlen des «Tetschener Altars». Dass diese breiten Strahlen nicht etwa von Friedrich forcierte oder gar so nicht zu denkende Naturerscheinungen bilden, sondern auf genaue

Naturbeobachtung zurückgehen, lässt sich leicht erweisen. Derartige Strahlen zeigen sich vor allem bei Sonnenuntergang, wenn die Sonne fast den Horizont erreicht hat, jedoch im letzten Moment von einer Wolke oder wie hier von einem Hügel verdeckt wird. Besonders an der See bei klarer Atmosphäre kann man dieses Phänomen beobachten. Die leicht ausgebreiteten Arme der Frau mit ihren zur Sonne hin geöffneten Händen lassen sie die Strahlen empfangen. Ob dies auf eine Schwangerschaft von Caroline verweisen soll, bleibe dahingestellt. Immerhin wird das erste Kind im August 1819 geboren. Denkbar erscheint es auch insofern, als mehrere der Bilder aus dem Zeitraum um 1818 sich offenbar direkt auf Friedrichs Frau beziehen.

Auch eines der absoluten Hauptwerke dieser Zeit, der «Kreidefelsen auf Rügen» (Abb. 37), gehört dazu. Viel ist über dieses eindrückliche Bild geschrieben worden, nur weniges lässt sich definitiv festhalten. Auf Grund von Vorzeichnungen wird deutlich, dass nicht eine bestimmte Ansicht der Rügener Kreidefelsen wiedergegeben ist, sondern eine Kombination der sogenannten Großen und Kleinen Stubbenkammer. Zudem sind die Kreidefelsen in der Höhe gesteigert, und auch der Horizont ist im Malprozess, offenbar mehrfach, angehoben worden. Ferner wird man sagen können, dass zwei unterschiedliche Blickerfahrungen festgehalten wurden. Die Frau im roten Kleid links und der knieende Mann in der Mitte, der Stock und Zylinder abgelegt hat und an den Rand des steilen Abgrunds gerobbt ist, schauen in die Tiefe. Sie hält sich vorsichtig an einem Strauch fest, er, den offenbar Schwindelgefühle anwandeln, braucht den Kontakt zum Erdboden, um überhaupt über den Rand in die Tiefe schauen zu können. Anders dagegen der rechts Stehende in altdeutscher Tracht: Er lehnt sich frei an einen abgestorbenen Baumstamm und schaut ruhig in die Ferne aufs Meer. Viel spricht dafür, dass mit der Frau Caroline gemeint ist und das Bild auch ein Erinnerungsbild an die erste gemeinsame Rügenreise und das Erlebnis der Kreidefelsen ist. Vermuten kann man, dass in der Mitte Friedrich sich selbst dargestellt hat und der rechts Stehende seinen jüngeren Bruder zeigt. Andere haben vermutet, dass Friedrich sich gleich zweimal dargestellt habe, um die unterschiedlichen Aneignungs- und Sehformen zu demonstrieren. Das wäre ein einmaliger Fall unter Friedrichs Bildern. Naheliegender erscheint es, zwar den Ausgangspunkt des Bildes in einer persönlichen Erinnerung zu sehen, dann aber Friedrichs übliches Verfahren in Rechnung zu stellen, bei dem er eine Transzendierung in religiöser und/oder politischer Hinsicht beabsichtigt.

So wird man sagen können, dass die beiden linken Figuren im Irdischen befangen sind und in der dritten Figur die Aufhebung der Befangenheit angedeutet ist. Zweierlei scheint diese Annahme zu stützen. Zwischen den Kreidefelsenwänden links und rechts und dem Meer gibt es keine räumliche Vermittlung, wir sehen kein Ufer, keinen Mittelgrund. Von der einen Erfahrung zur anderen kommt man, nicht allein optisch, nur durch einen Sprung. Diese unmittelbare Konfrontation von Vordergrund und Hintergrund bildet ein Verfahren Friedrichs, das offenbar zwei wesensmäßig verschiedene Wirklichkeiten markieren soll. Zum anderen aber – es könnte kaum anders sein – führt in den tiefsten Spalt der beiden Kreidefelsen die linke Senkrechte des Goldenen Schnitts. So entspricht auch dieses Bild der von Friedrich in seinem bereits zitierten Gedicht angedeuteten Ambivalenz: Das Leben zieht den sündigen Menschen in Verzweiflung hinab und kann ihn durch den Glauben erheben – ohne dass er in der Lage wäre, den Weg vom einen zum anderen zu bestimmen. Hoffnung wird in diesem Bild erneut durch seine ästhetische Verfasstheit eröffnet.

Über das Gemälde mit der Frau, die auf einem großen Rügen'schen Granitstein am Ufer lagert (s. Abb. 24), haben wir schon gesprochen (s. S. 71 f.). Ergänzen können wir noch den Hinweis, dass dem Bild auch dadurch Halt gegeben wird, dass Kap Arkona in der Ferne mit seiner leuchtenden Steilküste exakt bis zur Bildmitte reicht. An der Fülle der Ordnungsprinzipien kann es keinen Zweifel geben. Aber was sagt es wieder für die Deutungsmöglichkeiten des Bildes, wenn wir davon ausgehen können, dass mit der lagernden Frau im roten Gewand erneut Friedrichs Ehefrau Caroline gemeint ist? So sehr auch dieses Bild der Erinnerung dienen soll – auch hier zielt Friedrich auf die Überbietung einer einseitigen Funktion. Der Blick der Lagernden, geleitet von den Booten und den Fischreusen, führt aus dem Bild. Auf Grund der komplexen ästhetischen Struktur eröffnet sich auch hier die Frage nach einem tieferen Sinn, die wir erneut nicht definitiv beantworten können. Doch dass über den Gang des Lebens, sein ungewisses Ziel reflektiert wird, scheint offensichtlich.

Das anrührendste Bild, was das vertraute Verhältnis von Friedrich und seiner Frau angeht, ist die Darstellung «Auf dem Segler» (Abb. 43). Auch hier greift die bereits konstatierte Bipolarität: In extrem nahsichtiger Verkürzung ist der vordere Teil eines Seglers gegeben, im Bug sitzt ein Paar, vom Rücken her gesehen, und schaut in die Ferne. Da aber der Bootskörper in einer gewissen Aufsicht erscheint, gibt es auch hier einen Bruch zwischen vorne und hinten, eine wirkliche Vermittlung findet nicht statt. Das Paar hält sich bei der Hand, vor einem aus dem Bug hervorragenden Balken zum Befestigen der Taue, der hier offenbar der Versicherung der Vertrautheit der beiden dient. Ihr Blick geht in Richtung des Horizonts, an dem schwach, wie schwebend, eine Stadt mit zahlreichen wie an einer Schnur gereihten Kirchtürmen auftaucht; man hat gelegentlich, was nicht so fern liegt, auf das vieltürmige Himmlische Jerusalem als Anspielung verwiesen. Erneut ist die ästhetische Ordnung absolut: Die Linie der unteren Waagerechten des Goldenen Schnitts und die linke Senkrechte dieses Teilungsverfahrens treffen haargenau in der Mitte zwischen dem Paar, und zwar exakt auf Augenhöhe, aufeinander. So sind die beiden auf ewig aneinander gebunden im Angesicht jenseitiger Hoffnung, mit der die nahsichtige Wirklichkeit des Bootskörpers geradezu hart konfrontiert wird. Das Hier ist unausweichlich wirklich, das Drüben nur als eine Vision zu imaginieren.

Aus demselben Zeitraum wie die gerade betrachteten Bilder stammt der unvermeidliche «Wanderer über dem Nebelmeer» (Abb. 44) – unvermeidlich deswegen, weil das Bild zu den Ikonen der Malereigeschichte gehört. Es wurde vielfach in der Werbung für dieses oder jenes ausgebeutet, auch von zahlreichen

43 Caspar David Friedrich, Auf dem Segler, um 1818, Öl auf Leinwand, St. Petersburg, Eremitage

Künstlern paraphrasiert. Ich muss gestehen, ich mag das Bild nicht sehr, zu laut tönend, zu wenig zurückhaltend und Friedrichs Charakter widersprechend erscheint es mir. Das vorherrschende Pathos scheint sich nur erklären zu lassen, wenn wir den «Wanderer» als ein Auftragsbild betrachten und die Rückenfigur, die sich vor der vielfältigen Bergkulisse denkmalartig aufbaut, als die eines Verstorbenen vor Gottes Thron betrachten. Zudem lässt sich die Felskrone, auf der der Aufgerichtete steht, genau über eine Vorzeichnung herleiten. Sie hält eine Ansicht von der Kaiserkrone in der Sächsischen Schweiz fest und ist im Juni 1813 entstanden (Grummt Nr. 680). Auf der Zeichnung hat Friedrich neben einem langen senkrechten, oben und unten begrenzten, seitlich angebrachten Strich vermerkt: «So hoch über die höchste Spitze des Steines ist der Horizont.» Stellt man die Länge des Striches in Rechnung und markiert damit auf dem Gemälde die Höhe über der Felsspitze, so kommt man exakt auf den Kopf des Wanderers, auf dessen Höhe also der Horizont zu denken ist. Im Übrigen sind die aus dem Nebel auftauchenden Fels- und Bergformationen samt und sonders zu lokalisieren, sie stellen ein Konglomerat von typischen Gesteinsmonumenten aus der Sächsischen Schweiz und den Böhmischen Bergen dar – die Friedrich samt und sonders erwandert hat und die hier montageartig zueinander geordnet werden. Das mag eindrucksvoll sein, scheint aber doch eher zu viel des Guten. Auch die Linien des Goldenen Schnitts greifen bei diesem Bild. Die Fußspitze des linken Fußes und die Stockspitze rahmen die Monumentalfigur mit der linken und der rechten Senkrechten dieses Maßsystems. Und wenn die obere Waagerechte den Kopf des Wanderers vom Leib genau am Kragen scheidet, dann soll wohl allein der Kopf in den Bereich des Überirdischen ragen. Man mag das überzeugend finden.

Den «Mondaufgang am Meer» (s. Abb. 29) haben wir bereits betrachtet und davon gesprochen, wie die Köpfe der beiden jungen Frauen in den Raum der Hyperbel hineinragen. Hier sollte man ergänzen, dass auch dieses Bild ein Pendant besitzt: die «Dorflandschaft bei Morgenbeleuchtung» (Abb. 38), auch unter dem Titel «Der einsame Baum» geläufig. Konsequenterweise sind auch diese beiden Bilder aufeinander bezogen. Nun sind Pendants in der Geschichte der Kunst keine Neuerfindung Friedrichs, der geläufige Typus ist von Claude Lorrain geprägt: die Gegenüberstellung von Morgen- und Abendszene. Am Mor-

44 Caspar David Friedrich, Der Wanderer über dem Nebelmeer, um 1818, Öl auf Leinwand, Hamburger Kunsthalle

gen wird aufgebrochen, die Bewegungsrichtung geht von links nach rechts, die Farben sind eher kühl und frisch, am Abend wird heimgekehrt, die Bewegungsrichtung ist dann von rechts nach links, die Farben sind warm und gedämpft. Dies lässt sich durchaus auch auf Friedrichs Bilderpaar übertragen. «Der einsame Baum» ist eine Morgenszene, die Farben, besonders im Mittelgrund, sind klar und freundlich. Der Hirte, der sich an die große, zentral angeordnete Eiche lehnt, hütet seine Herde, es ist ein Bild vom Einklang mit der Natur. Der «Mondaufgang am Meer» dagegen mit seinen sehnsüchtigen, melancholischen Violett- und Orangetönen zeigt die Personen am Abend der Natur gegenüber. Sie mögen sich wünschen, eins mit der Natur zu sein, doch sie bleiben ihr Gegenüber.

Diese Differenz kommt auch in der Bildform zum Ausdruck. Im Morgenbild ist die Übereinstimmung mit der Natur nicht nur gegenständlich durch den Hirten und den allerorten in der Ferne aufsteigenden Rauch verdeutlicht, der auf menschliche Aktivitäten verweist, sondern auch durch die gleich mehrfache Betonung der bergenden Form der Ellipse. Dabei fungiert in der Mitte der zentrale, Ruhe stiftende Baum als verbindendes Element. Zwei Wassertümpel in gleicher Erstreckung vor und hinter der Eiche deuten die elliptische Form an, der Taleinschnitt in der Ferne bildet zusammen mit der überwölbenden Wolkenformation eine große, das Bild vorsichtig bestimmende elliptische Form, in deren Zentrum die ruinöse Spitze der immer noch Blätter treibenden alten Eiche ragt. Für innere Ruhe sorgt auch der sich im Mittelgrund durch das ganze Bild ziehende schmale Baumstreifen, der auf der unteren Waagerechten des Goldenen Schnitts verläuft. Versteckt betont Friedrich noch ein Heilszeichen für das ganze Bild: Der schmale, ferne Kirchturm rechts von der Mitte erhält seine Bedeutung, so winzig er im Bild erscheint, subkutan dadurch, dass er auf der rechten Senkrechten des Goldenen Schnitts angesiedelt ist. In den beiden Bildern sind also auch Ellipse und Hyperbel einander gegenübergestellt und in ihrem romantischen Bedeutungspotential genutzt.

Zu meinen absoluten Lieblingsbildern von Friedrich gehört der in die Zeit zwischen 1830 und 1835 zu datierende «Abendstern» (Abb. 39) im Goethe-Museum in Frankfurt, ein Bild von 32 x 45 Zentimetern. So klein das Bild ist und so harmlos jedenfalls auf den ersten Blick das Dargestellte auch erscheinen mag, die Komplexität seiner Anlage ist schier verblüffend. Eine Mutter und ihre Tochter scheinen auf dem Heimweg zu sein, sie kommen über einen im Schatten liegenden Sturzacker, dessen Kuppe sie erreicht haben. Vorweg läuft ein Knabe, der, was er jenseits der Kuppe sieht, jubelnd begrüßt. Es ist gegen Abend, die Sonne scheint gerade untergegangen zu sein und verfärbt den Himmel jenseits schmaler Wolkenstreifen orangegelb. Die Landschaft unter dem Horizont und den unmittelbar darüber liegenden schmalen Wolkenstreifen wird in ihrer Dunkelheit mit einem leicht violetten Ton überzogen. Was die Familie in der Ferne sieht, ist die Silhouette von Dresden. Die Kreuzkirche, die Frauenkirche, der Schlossturm und die katholische Hofkirche lassen sich identifizieren, doch ist ihre Erscheinung irritierenderweise jeweils leicht verändert. Die drei Türme, aber auch die drei Personen verbleiben im Schatten des unteren Wolkenbandes, wenn auch der Knabe an dessen Rand reicht. Was aber besonders irritiert, ist die Tatsache, dass der Frauenkirche die Laterne auf der Kuppel fehlt. Verfolgt man die Geschichte der Frauenkirche, so war das Gebäude zwischen 1830 und 1835 intakt. Friedrich ist es, der der Kuppel ihre Laterne genommen hat, so wie er auch die Türme der übrigen Kirchen zu schmalen, eher gotischen Nadeln gemacht hat.

Die Bildordnung scheint bewusst verhüllt zu sein – mit einer Ausnahme: Die deutlich markierte Horizontlinie ist zugleich die untere Waagerechte des Goldenen Schnitts. Sie führt mitten durch alle Figuren und Türme, die Frauenkirche touchiert sie am Ansatz ihrer fehlenden Laterne am Scheitel der Kuppel. Doch nicht nur das: Die rechte Senkrechte der «göttlichen Proportion» führt genau auf diesen Berührungspunkt und betont, so winzig der Punkt im Rahmen des ohnedies kleinen Bildes auch ist, paradoxerweise das Fehlen der Laterne. Man könnte weitere hervorgehobene Linien benennen, vor allem jene, die ihren Ausgang vom rechten Rand des Bildes nehmen: Der untere Rand des oberen, ansteigenden dunklen Wolkenbandes und der Beginn des unteren, abfallenden helleren Ackerstreifens sind gleich weit von der Horizontunendlichkeitslinie entfernt, die für die beiden Linien so etwas wie die Achse ist, und beide Linien beginnen am rechten Rand da, wo obere respektive untere Waagerechte des Goldenden Schnittes verlaufen. So haben wir eine Himmelslinie, der eine Erdlinie korrespondiert. Man könnte das weiterführen und sagen, dass auch das Bildpersonal und die Kirchtürme der einen, und zwar der irdischen Sphäre entstammen und zur anderen, der himmlischen streben, ohne sie jedoch wirklich erreichen zu können. Das alles ist so ausgeklügelt, dass es kein Zufall sein kann. Längeres Nachsinnen und das Realisieren der ästhetischen Vorgabe eröffnet einen von uns zu besetzenden Bedeutungshorizont. Doch was soll das Fehlen der Laterne auf der Kuppel der Frauenkirche?

Die Frauenkirche war zum Zeitpunkt ihrer Entstehung der größte protestantische Kirchenbau auf dem Kontinent, ausgezeichnet durch eine tektonisch schier unmögliche Anlage als Zentralbau, den die riesige, schwere Steinkuppel zu sprengen drohte – doch er hielt stand. In gewissem Sinn war die protestantische Frauenkirche das Gegenstück zum katholischen St. Peter in Rom. Für eine katholische Auffassung nun ist die Laterne auf der Kuppel eines Kirchengebäudes von zentraler Bedeutung, denn hier strömt anschaulich Gottes Licht in das Kirchengebäude. Über das Licht hält Gott Einzug ins Gebäude, er ist damit in der Eucharistie vor dem Altar anwesend und ermöglicht so, dass der Gläubige an der Gnade Gottes unmittelbar Anteil hat. Das widerspricht protestantischer Auffassung vollkommen. Im Abendmahl ist nach evangelischer Überzeugung Gott nicht etwa unmittelbar anwesend, es ist vielmehr ein Liebes- und Erinnerungsmahl, das der Hoffnung auf die Erteilung von Gottes Gnade dereinst nach dem Jüngsten Gericht Ausdruck gibt. Sündenvergebung findet nicht auf Erden statt. Wenn Friedrich also die Laterne entfernt und damit das katholische Zeichen, das den «oculus dei», das Auge Gottes, markiert, dann will er damit auf Gottes Unsichtbarkeit und die Unmöglichkeit des irdischen Gnadenerweises verweisen. Wichtiger ist jedoch, was an die Stelle des Fehlenden tritt: Es ist die absolute ästhetische Ordnung des Bildes. Nur so ist der Blick auf den abwesenden Gott zu lenken. Die Ästhetik ist im Sinne Schleiermachers der Mittler zu Gott, zu dem der direkte Zugang nicht möglich ist. Statt religiöser Orthodoxie religiöse Ästhetik. Anders gesagt, die natürliche Religion der Aufklärung wird durch eine ästhetische Religiosität abgelöst. Das ist das eigentlich Romantische an Caspar David Friedrichs Kunst.

Man kann nicht schließen, ohne einen Blick auf das grandiose Spätwerk, das 1832 datiert wird, geworfen zu haben: auf «Das große Gehege» (Abb. 40). Die Forschung kann sich bei aller Bewunderung des Bildes, besonders seiner eindringlichen Farbigkeit, keinen rechten Reim darauf machen, vor allem nicht auf die irritierende Wölbung des Vordergrundes, die allen zentralperspektivischen Regeln widerspricht. Sicher kann man wieder Friedrichs übliches Verfahren feststellen: Die Horizontlinie fällt wie so oft mit der unteren Waagerechten des Goldenen Schnitts zusammen, die linke Senkrechte markiert das Ende des linken dunklen Baumstreifens, die rechte verweist auf das schmale Segelschiff, bei dem man nur mit Mühe im Bug und im Heck je eine winzige Figur vermuten kann, die in der Gesamtwirkung aber keine Rolle spielen. Auch wird man sagen können, dass der hier sehr flachen Himmelshyperbel eine sehr viel wirksamere Erdhyperbel antwortet und der Fluss, der kaum als solcher auszumachen ist, in etwa die Asymptote der beiden Hyperbeln bildet.

So kann man auf die Idee kommen, dass das Boot zwischen Himmel und Erde auf die Lebensreise verweist, bei der unklar ist, ob sie zur Erlösung oder zur Verdammnis führt – direkt thematisiert ist dies nicht. Doch was für einen Sinn vermag dann die Wölbung der vorderen, von flachen Wasserfeldern durchzogenen Erdregion zu machen? Es dürfte nicht falsch sein zu vermuten, dass Friedrich sie durch die Spiegelung dieses sandbankartigen Streifens in einem Parabolspiegel wahrgenommen oder die Verzerrungen beim Blick durch eine stärker gewölbte Linse «erzeugt» hat. Doch ist damit noch nicht viel über ihre Bedeutung gesagt. Man wird nur spekulieren können. Hat Friedrich von der Akkommodation des Auges gewusst, die die durch die Linse des Auges bewirkte Randverzerrung ausgleicht, und hier die mechanische Linsenwirkung demonstriert? Auch diese Vermutung hilft nicht viel weiter. Am Ende ist es weniger entscheidend zu beantworten, wie die Verzerrung bewirkt wurde oder auf Grund welcher Erkenntnisse Friedrich sie zur

Anwendung gebracht hat. Vielmehr ist die Erfahrung zu beschreiben, die wir vor dem Bild machen können. Und insofern könnte dieses späte Bild, direkter als alle vorangehenden, uns als Betrachter vor dem Bild meinen, die wir uns angesichts der irritierenden Seherfahrung nach dem tieferen Sinn einer jeden Naturerfahrung fragen sollen. Mit dem bloß Wahrgenommenen sollen wir uns nicht zufrieden geben, vielmehr sollen wir das gegenständlich Gezeigte durchdringen auf womöglich Dahinterliegendes. Das mag als Antwort sehr allgemein klingen, doch ist es das, wozu die Kunst in der Moderne uns anregen kann. Nicht mehr, aber auch nicht weniger.

Literaturverzeichnis

Aufgeführt wird aus der unendlichen Literatur zu Friedrich nur das, was für diesen Band wichtig gewesen ist. Die beiden umfassenden Darstellungen von Amstutz 2019 und Stapf 2020 konnte ich leider erst nach Abschluss des Manuskriptes lesen, sie werden hier dennoch aufgeführt. Für Amstutz' Arbeit siehe jetzt meine Rezension in der Zeitschrift für Kunstgeschichte. Ausführlichere Literaturverzeichnisse finden sich bei Börsch-Supan/Jähnig 1973, Busch 2003, Frank 2004 oder Grave 2012.

Amstutz 2019 – Nina Amstutz, Caspar David Friedrich. Nature and the Self, New Haven-London 2019

Börsch-Supan/Jähnig 1973 – Helmut Börsch-Supan/Karl Wilhelm Jähnig, Caspar David Friedrich. Gemälde, Druckgraphik und bildmäßige Zeichnungen, München 1973

Börsch-Supan 1987 – Helmut Börsch-Supan, Berlin 1810. Bildende Kunst. Aufbruch unter dem Druck der Zeit, in: Kleist-Jahrbuch 1987, S. 52–75

Börsch-Supan 2008 – Helmut Börsch-Supan, Caspar David Friedrich. Gefühl als Gesetz, München 2008

Busch 1987 – Zu Verständnis und Interpretation romantischer Kunst, in: Ludger Fischer (Hrsg.), Romantik, Karlsruhe 1987, S. 1–29

Busch 2003 – Werner Busch, Caspar David Friedrich. Ästhetik und Religion, München 2003

Busch 2017 – Werner Busch, Caspar David Friedrichs frühe Sepien als Vorstufe zur romantischen Landschaft, in: Roger Fayet, Regula Krähenbühl und Bernhard von Waldkirch, Wissenschaft, Sentiment und Geschäftssinn. Landschaft um 1800, Zürich 2017, S. 118–150

Carus 1865/66 – Carl Gustav Carus, Lebenserinnerungen und Denkwürdigkeiten, 2 Bde., Leipzig 1865/66

Carus 1982 – Carl Gustav Carus, Briefe und Aufsätze über Landschaftsmalerei, Leipzig-Weimar 1982

Carus 2021 – Carl Gustav Carus, Neun Briefe über Landschaftsmalerei, hrsg. von André Georgi, mit einem Nachwort von Werner Busch, Hannover 2021

Denk 2019 – Claudia Denk, Valenciennes' Ratgeber für den reisenden Landschaftsmaler. Zirkuliertes Künstlerwissen um 1800, Berlin-München 2019

Frank 2004 – Hilmar Frank, Aussichten ins Unermessliche. Perspektivität und Sinnoffenheit bei Caspar David Friedrich, Berlin 2004

Fröhlich 2007 – Anke Fröhlich, «... dann will ich auch noch ein Buch

Pappier hier voll zeichnen ...». Der Landschaftszeichner Christoph Nathe (1753–1806) als künstlerischer Entdecker des Riesengebirges, in: Silesia Nova, Vierteljahresschrift für Kultur und Geschichte 2, 2007, S. 28–39

Friedrich 1999 – Caspar David Friedrich, Äußerungen bei Betrachtung einer Sammlung von Gemählden von größtentheils noch lebenden und unlängst verstorbenen Künstlern (= Kritische Edition der Schriften des Künstlers und seiner Zeitzeugen I., bearb. von Gerhard Eimer), Frankfurt a. M. 1999

Goethe 1994 – Johann Wolfgang Goethe, Sämtliche Werke (Frankfurter Ausgabe), I. Abteilung, Bd. 7/1, Faust, hrsg. von Albrecht Schöne, Frankfurt a. M. 1994

Grave 2012 – Johannes Grave, Caspar David Friedrich, München-London-New York 2012

Grummt 2011 – Christina Grummt, Caspar David Friedrich. Die Zeichnungen. Das gesamte Werk, 2 Bde., München 2011

Hamburger 1966 – Käte Hamburger, Novalis und die Mathematik, in: dies., Philosophie der Dichter. Novalis, Schiller, Rilke, Stuttgart u. a. 1966, S. 11–82

Hinz 1984 – Sigrid Hinz (Hrsg.), Caspar David Friedrich in Briefen und Bekenntnissen, Berlin 1984

Hoch 1981 – Karl Ludwig Hoch, Caspar David Friedrichs Frömmigkeit und seine Ehrfurcht vor der Natur – dargestellt in Hinblick auf die Bergsymbolik der wiedererkannten böhmischen Bilder, Diss., Karl-Marx-Universität Leipzig 1981

Hoch 1985 – Karl Ludwig Hoch (Hrsg.), Caspar David Friedrich – unbekannte Dokumente seines Lebens, Dresden 1985

Hofmann 1974 – Werner Hofmann (Hrsg.), Caspar David Friedrich und die deutsche Nachwelt, Frankfurt a. M. 1974

Hofmann 2000 – Werner Hofmann, Caspar David Friedrich, Naturwirklichkeit und Kunstwahrheit, München 2000

Imig 1976 – Werner Imig (Hrsg.), Caspar David Friedrich. Bildende Kunst zwischen der Französischen Revolution und der bürgerlich-demokratischen Revolution von 1848 (= 1. Greifswalder Romantik-Konferenz anläßlich der Caspar-David-Friedrich-Ehrung in der DDR 1974), Greifswald 1976

Kat. Berlin 2006 – Kat. Ausst. An der Wiege der Romantik. Caspar David Friedrichs «Jahreszeiten» von 1803, Kupferstichkabinett – Staatliche Museen zu Berlin, Berlin 2006

Kat. Dessau 1996 – Kat. Ausst. «... Waren nicht des ersten Bedürfnisses, sondern des Geschmacks und des Luxus.» Zum 200. Gründungstag der Chalcographischen Gesellschaft Dessau, hrsg. von Norbert Michels (= Kataloge der Anhaltischen Gemäldegalerie Dessau, Bd. 13), Weimar 1996

Kat. Dortmund 1990 – Kat. Ausst. Caspar David Friedrich. Winterlandschaften, hrsg. von Kurt Wettengl, Museum für Kunst- und Kulturgeschichte der Stadt Dortmund, Dortmund 1990

Kat. Dresden 1974 – Kat. Ausst. Caspar David Friedrich und sein Kreis, hrsg. von Hans Joachim Neidhardt, Albertinum, Dresden 1974

Kat. Dresden 2009 – Kat. Ausst. Carl Gustav Carus. Natur und Idee, hrsg. von Petra Kuhlmann-Hodick, Gerd Spitzer und Bernhard Maaz, Staatliche Kunstsammlungen Dresden, Galerie Neue Meister und Kupferstich-Kabinett; Staatliche Museen zu Berlin, Nationalgalerie, Berlin-München 2009

Kat. Dresden 2012 – Kat. Ausst. Adrian Zingg. Wegbereiter der Romantik, hrsg. von Petra Kuhlmann-Hodick, Claudia Schnitzer, Bernhard von Waldkirch, Kupferstich-Kabinett, Staatliche Kunstsammlungen Dresden; Kunsthaus Zürich, Dresden 2012

Kat. Essen/Hamburg 2006 – Kat. Ausst. Caspar David Friedrich. Die Erfindung der Romantik, hrsg. von Hubertus Gaßner, Essen, Museum Folkwang; Hamburg, Kunsthalle, München 2006

Kat. Frankfurt (Oder) 2004 – Kat. Ausst. Empfindungen vor Friedrichs Seelandschaft. Caspar David Friedrichs Gemälde «Der Mönch am Meer» betrachtet von Clemens Brentano, Achim von Arnim und Heinrich von Kleist, Kleist-Museum, Frankfurt (Oder) 2004

Kat. Hamburg 1974 – Kat. Ausst. Caspar David Friedrich 1774–1840, hrsg. von Werner Hofmann, Hamburger Kunsthalle, München 1974

Kat. München 1988 – Kat. Ausst. Johan Christian Dahl 1788–1857. Ein Malerfreund Caspar David Friedrichs, hrsg. von Christoph Heilmann, Neue Pinakothek München, München 1988

Liebmann 1974 – Michael J. Liebmann, Joukovsky als Zeichner. Neues zur Frage «C. D. Friedrich und W. A. Joukovsky», in: Jahrbuch der Hamburger Kunstsammlungen 19, 1974, S. 106–116

Mädler 1997 – Inken Mädler, Kirche und bildende Kunst der Moderne, Tübingen 1997

Müller-Tamm 1995 – Jutta Müller-Tamm, Kunst als Gipfel der Wissenschaft. Ästhetische und wissenschaftliche Weltaneignung bei Carl Gustav Carus, Berlin-New York 1995

Novalis 1960 – Novalis, Schriften und 1 Registerbd. Die Werke Friedrich von Hardenbergs, 4 Bde., Stuttgart 1960–1988

Novalis 1968 – Werke und Briefe, hrsg. von Alfred Kelletat, München 1968

Ohara 1983 – Mayumi Ohara, Demut, Individualität, Gefühl. Betrachtungen über C. D. Friedrichs kunsttheoretische Schriften und ihre Entstehungsumstände, phil. Diss. Berlin 1983

Oken 1809 – Lorenz Oken, Lehrbuch der Naturphilosophie, Theil 1, Jena 1809

Ørsted 1850 – Hans Christian Ørsted, Der Geist in der Natur, München 1850

Rautmann 1991 – Peter Rautmann, C. D. Friedrich. Das Eismeer. Durch Tod zu neuem Leben, Frankfurt a. M. 1991

Schelling 1982 – Friedrich Wilhelm Joseph Schelling, Texte zur Philosophie der Kunst, Stuttgart 1982

Schleiermacher 1846 – Friedrich Schleiermacher, Grundlinien einer Kritik der bisherigen Sittenlehre (1803, 1834), in: Friedrich Schleiermacher's sämmtliche Werke, 3. Abt. Zur Philosophie, Bd. 1, Berlin 1846, S. 1–344

Schleiermacher 1993 – Friedrich Schleiermacher, Über die Religion. Reden an die Gebildeten unter ihren Verächtern, Stuttgart 1993

Schubert 1814 – Gotthilf Heinrich von Schubert, Die Symbolik des Traumes, Bamberg 1814

Schwarz 1834 – Theodor Melas [Pseudonym für Theodor Schwarz], Erwin von Steinbach oder Geist der deutschen Baukunst, 3 Bde., Hamburg 1834

Stapf 2020 – Detlef Stapf, Caspar David Friedrich. Die Biographie, Berlin 2020

Thornes 1999 – John E. Thornes, John Constable's Skies. A Fusion of Art and Science, Birmingham 1999

Valenciennes 1799/1800 – Pierre-Henri de Valenciennes, Élémens de perspective pratique, à l'usage des artistes, suivés de réflexions et conseils à un élève sur la peinture, et particulièrement sur le genre du paysage, Paris An VIII (1799/1800)

Valenciennes 1803 – P. H. Valenciennes, Praktische Anleitung zur Linear= und Luftperspektiv für Zeichner und Mahler. Nebst Betrachtungen über das Studium der Mahlerey überhaupt, und der Landschaftsmahlerey insbesondere. Aus dem Franz. übers. und mit Anmerk. und Zusätzen vermehrt von Johann Heinrich Meynier, 2 Bde., Hof 1803

Zschoche 1998 – Herrmann Zschoche, Caspar David Friedrich auf Rügen, Amsterdam-Dresden 1998

Zschoche 2005 – Herrmann Zschoche (Hrsg.), Caspar David Friedrich. Die Briefe, Hamburg 2005

Bildnachweis

bpk/Staatliche Kunstsammlungen Dresden: 1 (Herbert Boswank), 5, 8, 9, 13 (Elke Estel/Hans-Peter Klut), 15 (Elke Estel), 40 (Jürgen Karpinski); bpk/Stiftung Preussische Schlösser und Gärten Berlin-Brandenburg: 3 (Jörg P. Anders); bpk/Hamburger Kunsthalle: 4 (Elke Walford), 7 (Christoph Irrgang), 44 (Elke Walford); bpk/Rheinisches Bildarchiv Köln: 6; bpk/Museum der bildenden Künste, Leipzig: 12 (Michael Ehritt); bpk/Nationalgalerie, SMB: 14 (Jörg P. Anders), 23 (Andres Kilger), 29 (Jörg P. Anders), 38 (Jörg P. Anders); bpk/Kunsthalle Mannheim: 16 (Cem Yücetas); bpk/Kupferstichkabinett, SMB: 17; bpk/Bayerische Staatsgemäldesammlungen: 22, 41; bpk/Germanisches Nationalmuseum: 26; bpk/Kunstsammlungen Chemnitz: 28 (Bertram Kober/Punctum Leipzig); bpk/Staatliche Schlösser, Gärten und Kunstsammlungen Mecklenburg-Vorpommern: 31 (Elke Walford); bpk: 37 (Hermann Buresch); Busch 2003: 2, 20 (Privatbesitz); BnF, Paris: 10; Grummt 2011: 11, 18, 19, 21, 32, 33, 42; Artothek: 24 (Winterthur, Sammlung Oskar Reinhart/Alexander Koch), 25, 36 (Museum Folkwang, Essen), 39 (Frankfurter Goethe-Museum/David Hall); Hofmann 2000: 27, 34, 43; Bridgeman Images, Berlin: 30; akg-images, Berlin: 35

Personenregister

Künstlermonographien in C.H.Beck Wissen

Bisher erschienen: